Stefan Engel

Über die Herausbildung der neuimperialistischen Länder

W0359680

Verlag Neuer Weg

Juli 2017

Stefan Engel, Gabi Fechtner, Monika Gärtner-Engel,
Oskar Finkbohner, Klaus Arnecke

Über die Herausbildung der
neuimperialistischen Länder

Verlag Neuer Weg
in der Mediengruppe Neuer Weg GmbH
Alte Bottroper Str. 42, 45356 Essen
verlag@neuerweg.de
www.neuerweg.de

Gesamtherstellung:
Mediengruppe Neuer Weg GmbH

ISBN 978-3-88021-460-6
ISBN eBook 978-3-88021-462-0

Inhalt

Über die Herausbildung der neuimperialistischen Länder

Vorwort

Die Analyse der Herausbildung und Entwicklung einer Reihe neuimperialistischer Länder wurde notwendig, weil diese neue Erscheinung das bisherige Gefüge des imperialistischen Weltsystems dramatisch infrage stellt.

Auf dem festen Fundament der Analyse des Imperialismus, ausgehend von Lenin, hat die MLPD seit 1969 neue Erscheinungen und wesentliche Veränderungen mit der dialektisch-materialistischen Methode grundsätzlich und konkret untersucht: den staatsmonopolistischen Kapitalismus in der BRD, die Restauration des Kapitalismus in der Sowjetunion und in China, die Entstehung des Neokolonialismus, die Neuorganisation der internationalen Produktion und die Entwicklung der Umweltkrise. Die vorliegende »Blaue Beilage« baut auf dieser in programmatischen Dokumenten und dem System ihres theoretischen Organs REVOLUTIONÄRER WEG erarbeiteten ideologisch-politischen Linie auf und entwickelt diese weiter.

Das Buch »Morgenröte der internationalen sozialistischen Revolution« stellte 2011 erstmals die These von der Herausbildung und Entwicklung neuimperialistischer Länder auf. Die vorliegende Analyse bringt für diese wohlbegründete These den wissenschaftlichen Nachweis.

Diese Analyse ist ein Beitrag zur bewusstseinsbildenden Diskussion unter der Masse der Arbeiter, Frauen und Jugendlichen. Sie ist darüber hinaus eine Positionierung der MLPD gegenüber der internationalen revolutionären und Arbeiterbewegung für die Diskussion am 100. Jahrestag der russischen Oktoberrevolution.

Juli 2017, Stefan Engel

Einleitung

Die Welt ist erfasst von großer Unruhe, dramatischen Konflikten, erbitterten Massenkämpfen und unerwarteten Wendungen. Viele Menschen sind in größter Sorge um die Zukunft: Sorge über den US-Präsidenten Donald Trump, die Errichtung einer faschistischen Diktatur in der Türkei, den nicht endenden Krieg in Syrien, den kriegerischen Konflikt in der Ukraine, die Provokationen der USA und Chinas im Südchinesischen Meer oder die dramatische Zuspitzung der Widersprüche um die koreanische Halbinsel. Hierbei drohen die USA und Nordkorea offen mit einem Atomkrieg. Und Sorge, weil die internationalen Monopole mutwillig und verantwortungslos die Zerstörung der Einheit von Mensch und Natur vorantreiben, um ihre Maximalprofite zu steigern.

Unter dem Druck der Krise ihrer bürgerlichen Flüchtlingspolitik seit 2015 vollzogen und vollziehen immer mehr Regierungen in Europa einen deutlichen Rechtsruck. Auch die Merkel/Gabriel-Regierung in Deutschland. Sie rechtfertigen das mit einem vermeintlichen »Kampf gegen den Terrorismus«. Auf diesem Boden erstark(t)en überall offen reaktionäre, rassistische, nationalistische bis faschistoide Bewegungen und Parteien – wie nie seit dem II. Weltkrieg.

Zugleich erleben wir den Beginn eines fortschrittlichen Stimmungsumschwungs unter der Arbeiterklasse und den breiten Massen. Diese Bewegung übertrifft in ihrem Umfang, ihrer Vielfalt und ihrem Gehalt schon jetzt bei Weitem die weltweiten Anti-Vietnamkrieg-Proteste der 1970er-Jahre. Eine neue, länderübergreifende, gesellschaftskritische Jugendbewegung umfasst Hunderttausende. Sie kündigt einen neuen Aufschwung der internationalen revolutionären und Arbeiterbewegung an. Woher kommt das alles? Und wie ist das zu beurteilen?

Die hauptsächlichen Ursachen gesellschaftlicher Veränderungen und Umbrüche sind nicht in den Köpfen oder Programmen der herrschenden Politiker zu suchen oder im Aufkommen neuer Ideen oder Philosophien, so belegt es der dialektische und historische Materialismus. Sie haben ihre materielle Grundlage vielmehr in der ökonomischen Basis der Gesellschaft, in der widersprüchlichen Entwicklung der Produktionsweise. Die Entstehung einer Reihe neuimperialistischer Länder ist dabei heute eine Kernfrage. Diese Tatsache sowie ihre tieferen Ursachen und Auswirkungen gilt es zu begreifen. Andernfalls ist es unmöglich, die gegenwärtigen Veränderungen der Weltlage zu verstehen und daraus die richtigen Schlussfolgerungen zu ziehen für den Klassenkampf und die Zukunft der Menschheit.

Die Marxistisch-Leninistische Partei Deutschlands (MLPD) kennzeichnet in ihrer Analyse hauptsächlich eine Gruppe von 14 Ländern als neuimperialistisch; sie sind unterschiedlich groß, auf unterschiedlicher Entwicklungsstufe und haben eine unterschiedliche sozialökonomische Struktur und Geschichte: die BRICS-Staaten Brasilien, Russland, Indien, China und Südafrika; die MIST-Staaten Mexiko, Indonesien, Südkorea und die Türkei sowie Argentinien, Saudi-Arabien, Katar, die Vereinigten Arabischen Emirate und der Iran. Ihren neuimperialistischen Charakter entwickelten diese Länder in einem bestimmten Zeitraum und Zusammenhang mit den jüngsten gesellschaftlichen Entwicklungen. 3,7 Milliarden Menschen leben in diesen 14 Ländern, mehr als die Hälfte der Weltbevölkerung. Der Prozess der Herausbildung neuimperialistischer Länder zeichnet sich bereits in einer Reihe weiterer Länder ab. Das ist für diese Analyse jedoch unerheblich.

I. Die Entstehung neuer imperialistischer Länder ist ein Wesensmerkmal des imperialistischen Weltsystems

In seiner 1916 erarbeiteten Imperialismus-Analyse stellt Lenin fest, dass eine neue Epoche in der Entwicklung des Kapitalismus begonnen hatte: der **Übergang vom Kapitalismus der freien Konkurrenz zum monopolkapitalistischen Imperialismus.**

Im letzten Drittel des 19. Jahrhunderts begann ein Prozess der Herausbildung einer Reihe imperialistischer Länder wie England oder Frankreich. In England existierten bereits Mitte des 19. Jahrhunderts *»mindestens zwei der wichtigsten Merkmale des Imperialismus«*[1]. Lenin spricht aber davon, dass der kapitalistische Imperialismus erst zu Beginn des 20. Jahrhunderts *»seine volle Reife«*[2] erlangte.

Als er 1916 den Imperialismus analysiert, interessiert ihn vor allem das neuimperialistische Deutschland. Es verfügte nur über wenige Kolonien. Umso deutlicher trat der neue imperialistische Charakter hervor: die **Herrschaft des Finanzkapitals als die entscheidende ökonomisch-politische Grundlage**.

England war ein Staat, der seinen *»Reichtum ... in erster Linie durch die Ausbeutung einer unermeßlichen Zahl von Kolonien, durch die unermeßliche Macht der englischen Banken«*[3] geschaffen hatte. **Deutschland** hingegen entwickelte sich seit 1871 sehr rasch und weit dynamischer als England zu einer neuen kapitalistischen Großmacht. Die Industrieproduktion stieg sprunghaft, Großbetriebe mit Tausenden Beschäftigten

---

1 Lenin, »Der Imperialismus und die Spaltung des Sozialismus«, Werke, Bd. 23, S. 109

2 Lenin, »Die proletarische Revolution und der Renegat Kautsky«, Werke, Bd. 28, S. 237

3 Lenin, »Krieg und Revolution«, Werke, Bd. 24, S. 400

entstanden und der Hunger nach Rohstoffquellen und Absatzgebieten war groß.

Zur neuimperialistischen Gruppe gehörten neben Deutschland auch die USA und Japan. Ihre Überlegenheit gegenüber der Gruppe der alten imperialistischen Länder beruhte auf einer **fortgeschrittenen kapitalistischen Produktionsweise**, sie führten *»neue Verfahren zur Entwicklung der kapitalistischen Produktion, eine bessere Technik und eine unvergleichliche Organisation in den Kampf ...«.*[4] Ihr Nachteil: Die für sie wegen der Rohstoffquellen und Absatzmärkte unverzichtbaren Kolonien waren schon aufgeteilt unter den alten Imperialisten. Das schuf den Drang nach Neuaufteilung der Welt und machte sie besonders aggressiv.

Lenin verallgemeinert in seinem berühmten Werk »Der Imperialismus als höchstes Stadium des Kapitalismus«: *»Würde eine möglichst kurze Definition des Imperialismus verlangt, so müßte man sagen, daß der* ***Imperialismus das monopolistische Stadium des Kapitalismus*** *ist.«*[5]

Lenin versteht unter Monopol sowohl das Finanzkapital als *»Bankkapital einiger weniger monopolistischer Großbanken, das mit dem Kapital monopolistischer Industriellenverbände verschmolzen ist«* als auch *»die Aufteilung der Welt ... zu einer Kolonialpolitik der monopolistischen Beherrschung des Territoriums der restlos aufgeteilten Erde.«*[6]

Imperialistische Länder sind also solche, deren Wirtschaft von Monopolen bestimmt wird, in denen die Monopole sich den Staat mehr und mehr untergeordnet haben und die nach Beherrschung anderer Territorien und Länder trachten.

Kennzeichnend für diesen *»neuesten Kapitalismus«* wurde der **Export von Kapital**. Das ist die entscheidende ökono-

---

[4] Lenin, »Krieg und Revolution«, Werke, Bd. 24, S. 401

[5] Lenin, »Der Imperialismus ...«, Werke, Bd. 22, S. 270 (Hervorhebung Verf.)

[6] Lenin, »Der Imperialismus ...«, Werke, Bd. 22, S. 270

mische Grundlage, auf der der Imperialismus andere Länder ausbeutet und unterdrückt. Im Kapitalismus der freien Konkurrenz ging es noch hauptsächlich um den **Export von Waren**.

In der Geschichte des Imperialismus entstanden unter bestimmten Bedingungen immer wieder neue imperialistische Staaten aus früheren Kolonien, wie die USA, Kanada oder Australien. Deshalb wäre es auch dogmatisch, eine Einteilung in unterdrückende und unterdrückte Länder als ein für alle Mal feststehend zu betrachten.

II. Die Veränderungen in der Wirtschaft und Klassenstruktur der unterdrückten Länder

Zu Lenins Zeit gab es etwa 20 kapitalistische Länder. Heute ist in nahezu allen Staaten der Erde die kapitalistische Produktionsweise vorherrschend. Das ist das gesetzmäßige Ergebnis des Siegeszuges des Kapitalismus über den Feudalismus.

Die kapitalistisch-imperialistische Kolonialpolitik war verbunden mit einer Aufblähung des Machtapparats und gewaltiger Steigerung der Rüstungsproduktion. Damit erhielt der **Staat** immer größere Bedeutung. Seine Rolle hatte sich verwandelt: von einem Vertreter der Interessen des Gesamtkapitals in einen **Vertreter der Interessen einer Handvoll Monopolkapitalisten**. Angesichts der imperialistischen Kriegswirtschaft stellt Lenin bereits 1917 den beginnenden Übergang des Monopolkapitalismus zum staatsmonopolistischen Kapitalismus fest:

»›Der monopolistische Kapitalismus verwandelt sich in ***staatsmonopolistischen Kapitalismus****, eine Reihe von Ländern gehen unter dem Druck der Verhältnisse zur öffentlichen Regulierung der Produktion und der Verteilung über, einige von ihnen führen die allgemeine Arbeitspflicht ein‹. Vor dem*

Kriege gab es das Monopol der Trusts und Syndikate, während des Krieges – das Staatsmonopol.«[7]

Während des II. Weltkriegs reifte in allen imperialistischen Ländern der **Übergang des monopolkapitalistischen** zum **staatsmonopolistischen Imperialismus** aus. Willi Dickhut definiert 1979 diese neue Qualität der kapitalistischen Gesellschaftsordnung in dem Buch »Der staatsmonopolistische Kapitalismus in der BRD, Teil I«:

»Staatsmonopolistischer Kapitalismus bedeutet die vollständige Unterordnung des Staates unter die Herrschaft der Monopole, die Verschmelzung der Organe der Monopole mit denen des Staatsapparates und die Errichtung der wirtschaftlichen und politischen Macht der Monopole über die gesamte Gesellschaft.« (S. 62)

Diese **staatsmonopolistische Machtbasis** ist die *»höchste Form der nationalstaatlichen Organisation des Kapitalismus«*[8]. Sie war wesentliche Grundlage für die nun einsetzende **sprunghafte Internationalisierung der kapitalistischen Produktionsweise**. Das bedeutete eine **neue Phase in der Entwicklung des imperialistischen Weltsystems.**

Die nationalen Befreiungskämpfe zerschlugen nach dem II. Weltkrieg das alte Kolonialsystem. Von nun an wurde der **Kapitalexport** zur **vorherrschenden Methode der imperialistischen Kolonialpolitik**. Dadurch blieben die – nunmehr formal – staatlich unabhängigen ehemaligen Kolonien den internationalen Monopolen unterworfen. So entstand der **Neokolonialismus**, der die Entwicklungsländer gefügig macht als Anlagegebiete für das überschüssige Kapital.

Vor 1945 gab es weltweit nur einige Hundert internationale Monopole. 1969 zählte man schon 7300, mit 27300 Tochterge-

---

[7] Lenin, »Rede zur Resolution über die gegenwärtige Lage«, Werke, Bd. 24, S. 298 (Hervorhebung Verf.)

[8] »Götterdämmerung über der ›neuen Weltordnung‹«, S. 253

sellschaften. Der Prozess der beschleunigten Aufteilung der Welt durch die internationalen Monopole, der zur Zeit Lenins erst begonnen hatte, charakterisierte nun die Weltwirtschaft.

Der Kapitalexport in die imperialistischen Länder ist für die internationalen Monopole besonders attraktiv, denn dort ist der Kapitalhunger wegen der entwickelten Produktion sehr ausgeprägt. Das beschleunigte die **gegenseitige Durchdringung und Verflechtung des imperialistischen Kapitals** ungemein und wurde zum Motor der beschleunigten Internationalisierung der kapitalistischen Produktion.

Der Kapitalexport in die Kolonien hingegen konzentrierte sich auf die im Sinne des Maximalprofits lohnendsten Projekte. Willi Dickhut kennzeichnet treffend Ziele und Methoden:

»Rohstoffquellen, Absatzgebiete und Kapitalanlagen, das sind die imperialistischen Ziele aller Monopolkapitalisten. Um diese Ziele zu erreichen, ist den Imperialisten jedes Mittel recht, diplomatische Intrigen, Bestechung, Beteiligung am Profit, Erpressung, Bedrohung, Mordanschläge, Regierungsumbildungen mittels Korruptionen, militärischer Umsturz mit Hilfe korrumpierter Offiziere, militärischer Überfall von außen durch fremde Söldner oder eigene Truppen usw. usf.«[9]

Mit der Ausbreitung der kapitalistischen Produktionsweise entwickelten sich in den neokolonial abhängigen Ländern unaufhaltsam eine **nationale Bourgeoisie** und das **Industrieproletariat**. Mithilfe von Krediten der imperialistischen Länder, des Internationalen Währungsfonds (IWF) oder der Weltbank baute die einheimische Bourgeoisie zahlreiche industrielle Fertigungsstätten auf.

Ist aber eine kapitalistische Industrie erst einmal eingeführt, drängt sie gesetzmäßig zu Konzentration und Zentralisation des Kapitals. Aus der nationalen Bourgeoisie – oder in

---

[9] »Der staatsmonopolistische Kapitalismus in der BRD, Teil I«, S. 51

deren Interesse – entwickelten sich **in enger Verflechtung mit den internationalen Konzernen nationale** private, halbstaatliche oder staatliche **Monopole.** Darüber schrieben wir 1993 in dem Buch »Der Neokolonialismus und die Veränderungen im nationalen Befreiungskampf«, dass in einer Reihe von Ländern, wie in Argentinien, Brasilien, Indien und Südkorea *»das Großkapital der unterdrückten Länder in unterschiedlichem Grad von den Imperialisten abhängig* (ist). *Es wird selbst kontrolliert und hat sich in ein Instrument zur Ausübung der Herrschaft des internationalen Monopolkapitals über die Gesellschaft in den unterdrückten Ländern verwandelt.«* (S. 121)

Grundlegende Voraussetzung für die **Entstehung dieser einheimischen Monopole** in einer Reihe von neokolonial abhängigen Ländern war die Verschmelzung der kapitalistischen Großgrundbesitzer mit dem Industrie-, Bank- und Handelskapital. Es handelte sich dabei vor allem um solche Länder, die aufgrund sozialökonomischer Voraussetzungen das besondere Interesse des internationalen Monopolkapitals für ihren Kapitalexport auf sich zogen. Sie waren meist großflächig, rohstoff- und bevölkerungsreich und durch relativ entwickelte kapitalistische Produktionsverhältnisse geprägt, besaßen eine relativ ausgebaute Infrastruktur, ein großes Potenzial an Arbeitskräften oder die Voraussetzungen für einen wachsenden Absatzmarkt. Letzterer entstand vor allem aus der Umwandlung einer rückständigen kleinbäuerlichen Agrarwirtschaft in **kapitalistische agrarindustrielle Produktion**.

Die Entstehung **einheimischer Monopole** war der wesentliche ökonomische **Ausgangspunkt für die Herausbildung neuimperialistischer Länder.**

1980 gab es in Brasilien, Mexiko, Argentinien, Indien, Südafrika, der Türkei und Südkorea 21 internationale Monopole,

1990 waren es 28.[10] Sie waren jedoch noch wesentlich von den Imperialisten abhängig und nahmen in deren Interesse Einfluss auf die staatlichen Entscheidungen, die hauptsächlich vom Imperialismus geprägt waren.

III. Die Neuorganisation der internationalen Produktion und die Entstehung neuer imperialistischer Länder

Die neokolonial abhängigen Länder mussten für die internationalen Monopole mit billigen Arbeitskräften Halbfertigprodukte erzeugen, ihnen ihre Rohstoffe billig verkaufen oder wurden gezwungen, bestimmte Waren abzunehmen. Auch militärisch hielten imperialistische Mächte sie eng an der Leine. Sie zwangen ihnen kostspielige Rüstungskäufe auf und führten sie straff durch Militärberatung, Einbeziehung in Militäraktionen oder die Bildung von »Militärbündnissen«.

Der Großteil des aus den Industrie- und Landarbeitern dieser Länder herausgepressten Mehrwerts landete in den Kassen der internationalen Monopole. Wegen ihres Kapitalmangels mussten die neokolonial abhängigen Länder teils enorme, kaum rückzahlbare Kredite bei den monopolistischen Großbanken im Ausland aufnehmen. Die Folge war eine gigantische **Verschuldungskrise**, die sich zu einer tiefen **Krise des Neokolonialismus** auswuchs. Der Anteil der neokolonial abhängigen Länder an der Weltbevölkerung stieg von 1980 bis 1989 von 74 auf 76 Prozent. Der von ihnen erwirtschaftete Anteil am Weltsozialprodukt ging jedoch gleichzeitig von 23 auf 17 Prozent zurück.[11]

Die imperialistischen Länder antworteten darauf Anfang der 1990er-Jahre mit der Politik des **Neoliberalismus.** Damit

---

[10] Fortune Global 500

[11] »Der Neokolonialismus und die Veränderungen im nationalen Befreiungskampf«, S. 281

wollten sie den Rückwirkungen dieser Krise entgegenwirken und ein weiteres Wachstum der Märkte in den neokolonial abhängigen Ländern anschieben. Das Ergebnis: Die Volkswirtschaften dieser Länder wurden noch vollständiger dem internationalen Prozess der Produktion und Reproduktion der imperialistischen Länder und internationalen Monopole unterworfen. Damit entstanden auch neue Märkte und Anlagemöglichkeiten für das überschüssige Kapital der internationalen Monopole.

Das **wesentliche Mittel** war seit Mitte der 1980er-Jahre die **Privatisierung staatlicher Betriebe.** Von 1992 bis 2001 wurden allein in Lateinamerika über 1000 Staatsunternehmen verkauft, für einen Erlös von insgesamt circa 150 Milliarden US-Dollar.[12] In dem Buch »Götterdämmerung über der neuen ›Weltordnung‹« schrieben wir 2003:

»*In der Privatisierung und im* ***Ausverkauf der Staatsbetriebe an die internationalen Monopole*** *offenbart sich der Kern der Neuorganisation der internationalen Produktion in den neokolonialen Ländern. Das Ausmaß dieses Ausverkaufs kommt in dem gigantischen Anstieg der ausländischen Direktinvestitionen zum Ausdruck. Die internationalen Monopole steigerten ihre Investitionen in diesen Ländern von 115 Milliarden US-Dollar im Jahr 1980 auf 1206 Milliarden US-Dollar im Jahr 2000, also mehr als das Zehnfache.*« (S. 390)

Heute prägen 114 000 internationale Monopole mit rund 900 000 Tochterfirmen, davon etwa 500 internationale Übermonopole als führende Schicht des allein herrschenden internationalen Finanzkapitals, das Gesicht der Weltwirtschaft[13]. Das ist eine **monopolistische Ausprägung der kapitalistischen Produktion** in ungeheurem Ausmaß.

---

[12] Peter Rösler, »Ausländische Direktinvestitionen in Lateinamerika«, www.ixpos.de, 29. 3. 2002

[13] www.unctad.org/wir Web table 34

Die Neuorganisation der internationalen Produktion seit den 1990er-Jahren forcierte enorm den Prozess der Bildung einheimischer Monopole in den neokolonial abhängigen Ländern.

Zwischen 1980 und 2015 vergrößerte sich der Anteil der Industrie am Bruttoinlandsprodukt. In Indien stieg er von 24,3 auf 29,6, in der Türkei von 23,8 auf 26,5 Prozent. In China allerdings sank der Anteil von 48,1 auf 40,9 Prozent. Doch ein Rückgang der Industrieproduktion ist daraus keineswegs abzulesen. Vielmehr ist ein immer größerer Teil der Industriearbeiter gezwungen, den Lebensunterhalt in ausgelagerten Betrieben, in Werkunternehmen, als Leiharbeiter, Kontraktarbeiter, Saisonarbeiter usw. zu verdienen. Vielfach werden sie dann in der Statistik irreführend als »Dienstleister« gezählt. Die Mehrheit der Berufsgruppen des »Dienstleistungsbereichs« gehört jedoch zur Arbeiterklasse im engeren oder weiteren Sinn. Der Beitrag dieses Sektors zum Bruttoinlandsprodukt ist in China geradezu explodiert: von 22,3 auf 50,2 Prozent. In Indien stieg er von 40,3 auf 53,0 Prozent, in der Türkei von 49,7 auf 65,0 und in Russland von 33,0 auf 62,7 Prozent.

Der Anteil der Landwirtschaft am Bruttoinlandsprodukt ging durch diese Entwicklung jeweils erheblich zurück. Zwischen 1980 und 2015 sank er in China von 29,6 auf 8,8 Prozent, in Indien von 35,4 auf 17,5 Prozent, in der Türkei von 26,5 auf 8,5 oder in Russland von 16,8 auf 4,6 Prozent.[14]

So setzten die internationalen Monopole eine neue Stufe der Konzentration des Kapitals und der Internationalisierung im Agrarsektor durch. Sie umfasste die Agrarchemie, die Landmaschinenindustrie, die Vorherrschaft der industriellen Agrarproduktion, die Nahrungsmittelindustrie und den Lebensmittelhandel. Die neu entstandenen einheimischen Monopole nahmen den Konkurrenzkampf um die Versorgung der großen einheimischen Märkte auf. JBS in Brasilien,

[14] Weltbank, World Development Indicators; Russland erst ab 1989

1953 als kleiner Schlachtbetrieb gegründet, wuchs auf agrarindustrieller Grundlage in den 1990er-Jahren zum zentralen Fleischversorger Brasiliens und stieg bis 2010 zum weltgrößten Fleischproduzenten auf.[15]

Besonders deutlich werden die Veränderungen der sozialökonomischen Struktur am sprunghaft gewachsenen Anteil der Stadtbevölkerung: In den 14 wichtigsten neuimperialistischen Ländern stieg er von 30,3 Prozent 1980 auf 52,0 im Jahr 2014.[16]

Die Monopolisierung der kapitalistischen Weltwirtschaft betrifft Produktion, Handel, Verkehr und Kommunikation, alle Sparten der Wirtschaft, Wissenschaft und Kultur. Sie fußt auf der **Internationalisierung des Finanzwesens**, die ihrerseits wesentliches Ergebnis der ungeheuren Konzentration und Zentralisation des Kapitals ist.

Die Neuorganisation der internationalen Produktion seit den 1990er-Jahren hat die Ausbildung der Arbeitskräfte für die moderne Industrieproduktion weltweit standardisiert und einen internationalen Arbeitsmarkt geschaffen. Sie erstreckt sich immer mehr auch auf Teile der Produktion und Reproduktion des menschlichen Lebens wie das Gesundheits- und Erziehungswesen, die durch die Privatisierung in die Hände von internationalen Monopolen eine industrielle Produktionsweise annahmen.

Im Zuge der Privatisierung entstanden und stärkten sich auch einheimische Monopole, die zunehmend eigene Ziele verfolgten. In Brasilien wurde der Bergbaukonzern Companhia Vale do Rio Doce 1997 privatisiert. Vale ist heute Weltmarktführer im Handel mit Eisenerz.[17] Der Staatsanteil des südkoreanischen Stahlkonzerns Posco wurde Anfang der

---

[15] www.sueddeutsche.de, 22.5.2011

[16] Weltbank, World Development Indicators, 1.6.2016

[17] www.vale.com

1990er-Jahre schrittweise verringert. 2015 war Posco der viertgrößte Stahlkonzern der Welt.[18]

Die **Masse der neokolonialen Länder** wurde **ruiniert**. Das führte bis zur Zerstörung ihrer selbständigen industriellen Basis und zum **Zerfall** zahlreicher **Nationalstaaten**. Doch ein anderer Teil der neokolonial abhängigen Länder entwickelte sich zu neuimperialistischen Ländern. Wie war das möglich? Lenin entdeckte als allgemeines Gesetz der kapitalistischen Produktionsweise:

»Unter dem Kapitalismus ist ein ***gleichmäßiges Wachstum*** *in der ökonomischen Entwicklung einzelner Wirtschaften und einzelner Staaten* ***unmöglich«.***[19] Er zog die Schlussfolgerung: *»Die* ***Machtverhältnisse ändern sich*** *aber* ***mit dem Gang der ökonomischen Entwicklung****.«*[20]

1. Von der einseitigen Abhängigkeit zur gegenseitigen Durchdringung der heimischen Monopole mit dem internationalen Finanzkapital

Immer mehr neokolonial abhängige Länder wurden immer vollständiger eingebunden in die globale Produktion und Reproduktion der internationalen Monopole. Das **verstärkte die gegenseitige Durchdringung** von nationalen und internationalen Monopolen.

Das äußerte sich besonders in den **grenzüberschreitenden Fusionen und Übernahmen**. Zwischen 1999 und 2007 vollzogen Monopole aus den sich herausbildenden neuimperialistischen Ländern bereits 66 grenzüberschreitende Übernahmen. Mit jeweils mindestens einer Milliarde US-Dollar kauften sie weltweit internationale Monopole auf: Monopole

---

[18] www.worldsteel.org

[19] Lenin, »Über die Losung der Vereinigten Staaten von Europa«, Werke, Bd. 21, S. 344 (Hervorhebung Verf.)

[20] Ebenda (Hervorhebung Verf.)

aus China führten 12 Übernahmen durch, Monopole aus den Vereinigten Arabischen Emiraten 11, aus Mexiko und Brasilien je 7, aus Südafrika 6, aus Saudi-Arabien und Russland je 4, aus Indien, Indonesien und Südkorea je 3, aus der Türkei und Argentinien je 2, und Monopole aus dem Iran und Katar je eine Übernahme.[21]

Die **internationalen Übermonopole** produzierten seit der Neuorganisation der internationalen Produktion hauptsächlich im Ausland. Sie sind deshalb abhängig von monopolfreundlichen Gesetzgebungen und Regularien: bei Patentverfahren, Besteuerung, moderner Infrastruktur, gut ausgebildeten Arbeitskräften, günstigen Bedingungen zur »ruhigen Ausbeutung« der Massen und der natürlichen Ressourcen im internationalen Maßstab. Das setzen vor allem Weltbank, IWF, WTO (Welthandelsorganisation) und ILO (Internationale Arbeitsorganisation) gegenüber den einzelnen Ländern durch.

Durch diesen Prozess gleichen sich die konkreten Produktions- und Austauschweisen im imperialistischen Weltsystem relativ an. Das befördert die internationale Konkurrenz, und es ist jedoch auch eine wesentliche gesellschaftliche Bedingung für die Vereinigung der internationalen revolutionären und Arbeiter- und Volksbewegung.

2. Der Weg aus der neokolonialen Abhängigkeit vom Imperialismus zur Selbständigkeit als neuimperialistische Länder

Solange die nationalen Monopole der Neokolonien ökonomisch und politisch nicht stark genug waren, aus dem Schatten der internationalen Monopole der imperialistischen Länder herauszutreten, konnte man von einer wirklichen politischen Unabhängigkeit nicht sprechen. Mit dem Wachstum der Stärksten unter ihnen, der zunehmenden Abnabelung

[21] UNCTAD, World Investment Report, verschiedene Jahrgänge

von internationalen Monopolen aus dem Ausland und beginnendem eigenen Kapitalexport begannen sie, den **Spielraum der formalen politischen Unabhängigkeit** zu nutzen und den **heimischen Nationalstaat mehr und mehr auch den eigenen Interessen unterzuordnen**.

In **Südkorea** brachten demokratische Massenproteste 1987 die US-hörige Militärdiktatur zu Fall. Das unterhöhlte auch die neokoloniale Abhängigkeit von den USA. Seit Jahrzehnten hatten sich in Südkorea kapitalistische Familiendynastien, genannt **Chaebols**, entwickelt – eine Verflechtung verschachtelter Mischkonzerne. Sie rekrutierten nun Bürokraten aus der Regierung und Militärs, organisierten über den Staat ihre Kontrolle über die Banken und begannen, sich den Staatsapparat unterzuordnen und mit ihm zu verschmelzen.[22]

In **Südafrika** wurde Anfang der 1990er-Jahre das faschistische, rassistische Apartheidsregime gestürzt. Danach wandelten die Monopole die staatliche Industrieentwicklungsgesellschaft »Industrial Development Corporation« mehr und mehr um in ein Instrument für ihre Expansion in andere Länder.[23]

Die letztlich entscheidende Voraussetzung, um sich zu neuimperialistischen Ländern zu entwickeln, war die Existenz **staatsmonopolistisch-kapitalistischer Strukturen**. Am besten konnten die sich aus den Strukturen von Militärdiktaturen oder von bürokratisch-kapitalistischen Ländern entwickeln.

Eine besondere Rolle bei der Entstehung staatsmonopolistischer Strukturen spielten die internationalen imperialistischen Organisationen IWF und Weltbank. Angesichts der horrenden Verschuldungskrise diktierten sie rigorose »Strukturanpassungsprogramme«, um die Krisenlasten auf die Ar-

---

[22] Markus Pohlmann, »Südkoreas Unternehmen«, in Kern/Köllner »Südkorea und Nordkorea«, S. 124

[23] IDC Annual Report 2016

beiter und die breiten Massen abzuwälzen. Sie waren verbunden mit weitreichenden Krediten, Subventionen oder »Hilfen« an die jeweiligen Staaten beim Aufbau einer eigenen Verwaltung und eines Militär- und Polizeiapparats – nicht zuletzt zur Niederhaltung der Arbeiterklasse und der Revolutionäre.

Im Übergang von neokolonialen zu neuimperialistischen Ländern haben diese staatsmonopolistischen Strukturen eine Besonderheit: Sie ordnen den Staat sowohl den Interessen der einheimischen Monopole unter als auch denen des internationalen Finanzkapitals. Aus dieser spezifischen Konstellation erwächst auch die zeitweilige Instabilität der jeweiligen Staaten und ihrer Regierungen.

3. Die Krise des Neokolonialismus untergräbt die Alleinherrschaft der alten Imperialisten

Der **Neoliberalismus** konnte die Haushalts- und Verschuldungskrisen der neokolonialen Länder nur zeitweilig dämpfen. Sie brachen erneut aus, und noch vor der Jahrtausendwende mündeten sie in einer **neuen Krise des Neokolonialismus – tiefer und umfassender** noch als die Anfang der 1980er-Jahre. Sie entwickelte sich auf der Basis der Neuorganisation der internationalen Produktion und wurde zur Vorläuferin der Weltwirtschaftskrise 2001–2003.

Im Jahr 2000 waren die beim internationalen Finanzkapital höchstverschuldeten Länder, jeweils in Milliarden US-Dollar: Brasilien 238,0; Mexiko 150,3; Argentinien 146,2; Indonesien 141,8; Südkorea 134,4; Türkei 116,2 und Indien 99,1.[24]

Die **chronisch werdende Überakkumulation des Kapitals** machte es den internationalen Monopole immer schwerer, Maximalprofit bringende Anlagemöglichkeiten zu finden. Deshalb gingen sie mit Beginn der 1990er-Jahre dazu über,

---

24 Weltbank, World Development Indicators 2002, in »Götterdämmerung über der ›neuen Weltordnung‹«, S. 277

ihre **Investitionstätigkeit** zu einer **Neuorganisation der internationalen Produktion** zu verändern:

Lange Zeit hatten die Imperialisten darauf geachtet, dass in den neokolonial abhängigen Ländern vor allem Halbfertigprodukte, Rohstoffe usw. produziert und exportiert wurden. Nun aber sahen sie sich gezwungen, ihre eigenen Fertigungen auch in neokolonial abhängige Länder zu verpflanzen – zumindest in die Zentren der internationalen Produktion. Und das **auf demselben Niveau wie in den imperialistischen Ländern**. Durch eine Produktion auf höchstem Niveau entwickelten sich sprunghaft neue Märkte: Gefragt war ein System ortsnaher Zulieferer, neue Infrastruktur, ausgebildete Arbeitskräfte, Versorgung mit Wohnraum und Lebensmitteln. Davon **profitierte auch die Kapitalkraft der einheimischen Monopole**, die sich mehr und mehr am Aufkauf ehemaliger Staatsbetriebe beteiligten, bei der Bildung von Joint Ventures und zunehmend auch an Fusionen und Übernahmen.

Die Folgen der Verschuldungskrise hatten vor allem die Arbeiterklasse und die breiten Massen zu tragen. Ein sprunghafter Anstieg der Lebenshaltungskosten führte in einigen Ländern zu einer **dramatischen Verschlechterung der Lebensverhältnisse der Arbeiterklasse** und forderte diese zum **aktiven Widerstand** heraus. Die imperialistischen Länder sahen sich Anfang des neuen Jahrtausends mit einem Aufschwung von Massenkämpfen konfrontiert, zunächst in Lateinamerika und einigen asiatischen Ländern. Sie richteten sich zunehmend **unmittelbar gegen das internationale Finanzkapital**.

Besonders seit dem Volksaufstand Argentinazo im Dezember 2001 **entwickelte sich eine revolutionäre Gärung**, die in ganz Lateinamerika um sich griff. Die neoliberale, neokoloniale Politik erwies sich als in der bisherigen Weise nicht mehr durchführbar. Und die Massen in den betreffenden Ländern waren nicht mehr bereit, Ausplünderung und Unterdrückung in der bisherigen Weise hinzunehmen.

Deshalb arrangierten sich die Herrschenden zeitweilig mit den Linksregierungen in Venezuela, Argentinien, Ecuador, Brasilien oder Bolivien, um die revolutionäre Glut mit dem bürgerlichen Parlamentarismus auszulöschen. Sie schufen **Spielräume für die Wahl neuer Hoffnungsträger in Form »linker« Regierungen**. Objektiv trug dazu auch Hugo Chavez' opportunistisches Konzept des »Sozialismus des 21. Jahrhunderts« in Venezuela bei, das zeitweise großen Einfluss unter den Massen in Lateinamerika erreichte.

2003 trat Lula da Silva, ehemaliger Streikführer gegen den VW-Konzern, sein Amt als Präsident Brasiliens an. Es umgab ihn die Hoffnung, er würde sich für eine »gerechte Weltordnung« einsetzen, an deren Gestaltung der Süden beteiligt werden müsse. Seine Regierung trieb den Ausbau des lateinamerikanischen Wirtschaftsbündnisses Mercosur[25] zu einem ökonomischen Machtblock voran. Brasilianische Monopole wurden darin die dominierende Kraft. Zwischen 2002 und 2011 konnte Mercosur seinen Anteil am Bruttoinlandsprodukt der Welt mehr als verdoppeln, von 1,8 auf 4,4 Prozent. Über 80 Prozent davon entfielen auf Brasilien. 2010 fädelte die Regierung Lula da Silva die größte bis dahin getätigte Kapitaltransaktion ein, der Petrobras-Konzern führte sie für rund 79 Milliarden US-Dollar durch.[26] Petrobras wurde Weltmarktführer in der Förderung von Erdöl und Erdgas aus Tiefseebohrungen.[27]

In Südafrika führten die Arbeiterklasse und die Volksmassen einen jahrzehntelangen heldenhaften Kampf ge-

---

[25] Gemeinsamer Markt Südamerikas: Brasilien, Argentinien, Paraguay, Uruguay, Bolivien, Venezuela

[26] www.faz.net, 24. 9. 2010

[27] www.handelsblatt.com, 14. 4. 2012

gen die Apartheid. Diese faschistische Herrschaftsform war auch für die internationalen Monopole immer mehr zu einem Hindernis geworden. In jahrelangen Gesprächen und Abkommen mit der revisionistischen südafrikanischen Kommunistischen Partei (SACP) und dem Führer des Afrikanischen Nationalkongresses (ANC), Nelson Mandela, bereiteten die Imperialisten den Übergang zu einer bürgerlichen Demokratie vor. Dies sollte die fortschreitende Revolutionierung der Massen stoppen und das Land für ihre Geschäfte öffnen.

Das neuimperialistische Südafrika wurde ein Zentrum der Neuorganisation der internationalen Produktion und der internationalen Investitionen. Im Jahr 2010 hatten bereits 231 Muttergesellschaften multinationaler Unternehmen und 675 Tochtergesellschaften ihren Sitz in Südafrika.[28] Mithilfe eines komplexen Netzes an Verflechtungen der ANC-Regierung mit dem allein herrschenden internationalen Finanzkapital, Joint Ventures, Fusionen, Übernahmen usw. bildeten sich staatsmonopolistische Herrschaftsstrukturen heraus und international agierende südafrikanische Mineralöl-, Bergbau- oder Bankmonopole.

Der ANC räumte den internationalen Übermonopolen neue Freiheiten ein zur Ausbeutung der schwarzen Arbeiterklasse Südafrikas. Die Aufnahme von Führern der Gewerkschaften in die Regierung wurde mit einem besonderen Pakt der Klassenzusammenarbeit verknüpft: Die Gewerkschaften sollten demnach auf Streiks verzichten und aufkeimende Streiks unterbinden und an ihrer Unterdrückung mitarbeiten. Aber die Verschlechterung der Arbeits- und Lebensbedingungen der Arbeiterklasse und der gesamten schwarzen Bevölkerung in den Townships führte seit 2013 zu einer ganzen Reihe bedeu-

[28] UNCTAD

tender selbständiger Streiks und Demonstrationen. Sie beendeten den staatlich verordneten »sozialen Frieden«.

Nicht zufällig vollzog sich der Übergang zum Neuimperialismus gerade unter diesen sich links gebenden, reformistischen Regierungen. Die **Vereinigung der Macht des heimischen Monopolkapitals mit der staatsmonopolistischen Macht des Nationalstaats** war dafür die **entscheidende innere Voraussetzung**.

IV. Die Weltwirtschafts- und Finanzkrise 2008–2014 als Motor der Herausbildung und rasanten Entwicklung neuimperialistischer Länder

Bereits in den 1980er-Jahren begann zum Teil die vorbereitende Umwandlung ehemals neokolonial abhängiger oder revisionistisch entarteter ehemaliger sozialistischer Länder in neuimperialistische Länder. Der qualitative Sprung setzte bei den meisten seit der Jahrtausendwende ein. Ihr **Anteil am weltweiten Bruttoinlandsprodukt** war zwischen 1980 (13,3 Prozent), 1990 (13,4 Prozent) und 2000 (15,8 Prozent) nur leicht angestiegen. 2007 jedoch betrug dieser Anteil der neuimperialistischen Länder bereits 21,8 Prozent.

Dieser Prozess der sprunghaften Akkumulation des Kapitals in den neuimperialistischen Ländern bereitete den verheerenden Crash maßgeblich mit vor: die bisher tiefste und längste Weltwirtschafts- und Finanzkrise in der Geschichte des Kapitalismus (2008–2014). Das überschäumende imperialistische Kapital konnte nur noch durch die Kapitalvernichtung einer Überproduktionskrise ausgeglichen werden.

In der Weltwirtschafts- und Finanzkrise steigerten die neuimperialistischen Länder ihren Anteil am weltweiten Bruttoinlandsprodukt gewaltig – auf 31,1 Prozent bis 2014. 2010 überflügelten sie die USA und die EU. Die USA hatten

Schaubild: Anteile von EU, USA, Japan und neuimperialistischen Ländern am weltweiten Bruttoinlandsprodukt

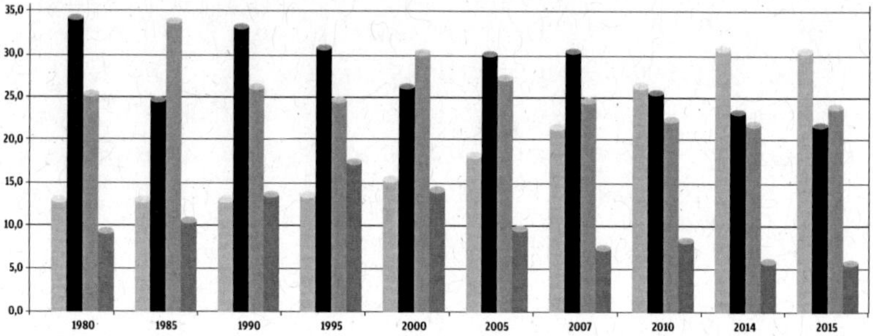

Quelle: World Development Indicators; eigene Berechnung GSA e.V. 14 neuimperialistische Länder EU USA Japan

2014 mit 22,1 Prozent Weltanteil 3,0 Prozentpunkte eingebüßt gegenüber 2007, 8,6 waren es gegenüber 2000. Die EU hatte 2014 mit 23,6 Prozent Weltanteil 7,2 Prozentpunkte gegenüber 2007 verloren.

Der **Kriseneinbruch 2008/2009** traf auch die 500 allein herrschenden internationalen Übermonopole massiv. Ihre Profite brachen von 2007 auf 2008 um 48,4 Prozent ein, von 1,6 Billionen US-Dollar auf 0,8 Billionen.[29] Ein gewaltiger Druck baute sich auf, das überschüssige Kapital verstärkt außerhalb der alten imperialistischen Metropolen Maximalprofit bringend anzulegen. Diese Kräfteverschiebung bewirkte, dass das umfassende internationale Krisenmanagement über die G20[30] erfolgte, also über die Einbeziehung der wichtigsten neuimperialistischen Länder.

Der **Aufbau neuer Kapital- und Produktionsanlagen in den neuimperialistischen Ländern** wirkte wie ein Ventil –

---

29 GSA-Tabelle: Übersicht internationale Monopole nach Fortune Global 500

30 G20: EU, USA, Japan, China, Deutschland, Frankreich, Großbritannien, Italien, Brasilien, Kanada, Indien, Russland, Australien, Mexiko, Südkorea, Türkei, Indonesien, Saudi-Arabien, Argentinien, Südafrika

um die Überproduktionskrise zu dämpfen. Die ausländischen Direktinvestitionen in diese Länder wurden zwischen 2008 und 2014 verdoppelt, von 2,6 auf 5,4 Billionen US-Dollar[31]. Sie verhalfen den 500 führenden internationalen Übermonopolen schnell aus der weltweiten Überproduktionskrise. Ihre Profite stiegen bereits 2010 wieder um 59 Prozent. Die Flutung der neuimperialistischen Länder mit Kapital beschleunigte dort zugleich unbeabsichtigt die Herausbildung neuer imperialistischer Konkurrenten.

Der Anteil der neuimperialistischen Länder an der **weltweiten industriellen Wertschöpfung** verdoppelte sich: von 19,7 Prozent im Jahr 2000 auf 40,2 Prozent 2014. Im gleichen Zeitraum fiel der Anteil der EU um 5,5 Prozentpunkte auf 18,6 Prozent, der Anteil der USA um 9,1 Prozentpunkte auf 16,0 Prozent, der Anteil Japans um 10,3 Prozentpunkte auf 5,6 Prozent.[32]

Mitten in der Weltwirtschafts- und Finanzkrise entfaltete die **Wirtschaft** einiger neuimperialistischer Länder ein dynamisches Wachstum. In China, Indien, Südkorea, Türkei, Indonesien, Saudi-Arabien, Argentinien wuchs sie teils auf 120 Prozentpunkte zum Vorkrisenstand. Alte imperialistische Länder verharrten selbst im ersten Quartal 2017 weit unter dem jeweiligen Vorkrisenstand: Japan mit 85,7 Prozent, Großbritannien mit 90,5 Prozent, Frankreich mit 88,3 Prozent, Italien mit 78,8 Prozent, Spanien mit 76,5 Prozent. Die industrielle Produktion in Deutschland und den USA erreichte 2014 wieder den Vorkrisenstand.[33]

Von 2007 bis 2014 **verdreifachte** sich der **Anteil der neuimperialistischen Länder am weltweiten Kapitalexport**

---

[31] Kapitalexport und Kapitalimport nach UNCTAD

[32] World Development Indicators Industry Value

[33] OECD, Main Economic Indicators, eigene Berechnung GSA e.V.

von 10,2 auf 30,9 Prozent.[34] In dieser Zeit bauten die neuimperialistischen Länder ihre **Anteile am weltweiten Bestand der Direktinvestitionen im Ausland aus**, von 10,8 auf 15,2 Prozent; die Anteile der EU fielen von 42,2 auf 36,6 Prozent, die der USA von 28,5 auf 25,3 Prozent. China, Südafrika und Saudi-Arabien verdoppelten ihre Bestände zwischen 2007 und 2014, die Türkei, Südkorea und Indien verdreifachten sie; in Katar wurden sie versechs-, in Indonesien verachtfacht.[35]

Diesem Ausbau der ökonomischen Machtbasis dienten auch **grenzüberschreitende Fusionen und Übernahmen**, wo Übermonopole aus neuimperialistischen Ländern verstärkt aktiv waren. Sie verdoppelten zwischen 2008 und 2014 den Weltanteil als Käufer bei grenzüberschreitenden Fusionen von 15,1 Prozent auf 29,1 Prozent und erweiterten damit wesentlich ihren internationalen imperialistischen Einfluss. Eine besonders hohe Steigerung des Jahresdurchschnitts 2008 bis 2014 gegenüber dem Jahresdurchschnitt der Jahre 2001 bis 2007 verzeichneten: China mit 690 Prozent, Südkorea mit 326 Prozent, Katar mit 310 Prozent, die Türkei mit 255 Prozent, Indonesien mit 158 Prozent.[36]

Die Veränderungen der Kräfteverhältnisse zwischen den imperialistischen Ländern äußern sich in der Entwicklung des Kapitalexports. Konzentriert aber werden sie deutlich am Aufstieg von Monopolen aus den neuimperialistischen Länder in die 500 internationalen Übermonopole des allein herrschenden internationalen Finanzkapitals. Die Anzahl dieser **Übermonopole aus BRICS- und MIST-Ländern** hat sich von 32 Übermonopolen in 2000 auf 141 in 2015 mehr als **vervierfacht**. Das ging auf Kosten der USA, der EU und Japans.

---

[34] UNCTAD, FDI Outflows, eigene Berechnung GSA e.V.

[35] UNCTAD, FDI Outward Stock, eigene Berechnung GSA e.V.

[36] UNCTAD cross-border M&A database

Die BRICS-Staaten gründeten 2014 die »Neue Entwicklungsbank« (NDB), ausdrücklich als Konkurrenz zum IWF. Das zielt unter anderen darauf ab, den US-Dollar als Weltleitwährung infrage zu stellen.[37]

Im Kampf um die Beherrschung des Weltmarkts taten sich gewaltige **Machtverschiebungen** auf. China verdrängte die USA als Weltmarktführer in der Mineralölindustrie, in der Bauindustrie oder bei den Banken. Übermonopole aus Südkorea wurden Weltmarktführer im Schiffbau, in der Elektro- und Elektronikindustrie – sie verdrängten die USA und Deutschland.[38]

Neuimperialistische Länder bauten eine **regionale imperialistische Vormachtstellung** auf gegen bisherige Einflussgebiete der alten imperialistischen Mächte: Brasilien ist das fünftgrößte Land der Erde mit der siebtgrößten Volkswirtschaft 2014, dem elftgrößten Militärhaushalt und über 200 Millionen Einwohnern. Es nutzte den Wirtschaftsblock Mercosur für den Aufstieg als neuimperialistische Macht in Südamerika. Südafrika dehnte seine Vormachtstellung auf dem afrikanischen Kontinent aus. Die Bergbaumonopole Südafrikas beuten andere Länder und Arbeiter im südlichen Afrika aus. Südafrika stationierte in all diesen Ländern auch Militär. Mit der Afrikanischen Union traf Südafrika eine Abmachung, seine Truppen dürften in kürzester Zeit eingreifen, wenn es zu Aufständen kommt. Indien baut seine imperialistische Macht auf dem indischen Subkontinent aus und verschärft damit die Konkurrenz zu China. Israel, die Türkei, der Iran, Saudi-Arabien und die arabischen Scheichtümer kämpfen untereinander und mit den alten Imperialisten um die regionale Vorherrschaft im Nahen und Mittleren Osten sowie Nordafrika.

---

[37] www.ndb.int/about-us/essence/history, download 4.7.2017

[38] GSA-Tabelle, nach Fortune Global 500

Für den Kampf um die Neuaufteilung der Welt forcierten die neuimperialistischen Länder den **Ausbau ihrer staatlich-militärischen Machtapparate**. Ihre Armeen umfassten 2015 etwa acht Millionen Soldaten, die NATO hatte 3,3 Millionen.[39]

Von 2000 bis 2014 vervierfachten die neuimperialistischen Länder ihre **Militärausgaben:** von 125 auf 561 Milliarden US-Dollar. Auch die NATO-Staaten steigerten in diesem Zeitraum ihre Hochrüstung, wenn auch weniger rasant: von 479 auf 921 Milliarden US-Dollar.[40]

Die **USA** sind weiterhin die **einzige imperialistische Supermacht**. Diese Sonderrolle zeigt sich gerade auf militärischem Gebiet. Allein 2016 betrugen ihre Militärausgaben 611 Milliarden US-Dollar, das ist über ein Drittel der weltweiten Militärausgaben. Die USA verfügten 2015 mit ihrem Atomwaffenarsenal von 7000 Sprengköpfen über 45 Prozent der Weltbestände.[41] Seit der Regierungsübernahme Donald Trumps betreiben die USA eine noch aggressivere Aufrüstung. Bis 2027 wollen sie die Militärausgaben auf jährlich 722 Milliarden US-Dollar steigern.

Die neuimperialistischen Staaten haben sich zu den weltweit **größten Importeuren schwerer Waffen** entwickelt. Von 2011 bis 2015 lag Indien mit einem Weltmarktanteil von 14 Prozent an der Spitze – vor Saudi-Arabien mit 7 Prozent, China mit 4,7 und den Vereinigten Arabischen Emiraten mit 4,6 Prozent. Für den eigenständigen Ausbau ihres militärischen Machtapparats verfügten die neuimperialistischen Län-

---

[39] www.bundesheer.at, NATO Press Release 10.3.2011 und 22.6.2015, eigene Berechnung GSA e.V.

[40] SIPRI, Military expenditure by country 1988–2015, eigene Berechnung GSA e.V.

[41] SIPRI, Yearbook 2016

der 2014 bereits über 26 der 100 größten **Rüstungsmonopole** der Welt.[42]

Neuimperialistische Länder unterhalten riesige Polizeitruppen und **paramilitärische Verbände**. Deren Umfang übersteigt bei Weitem den der entsprechenden Einheiten in anderen imperialistischen Staaten. Chinas bewaffnete Volkspolizei umfasst 1,5 Millionen, Indiens Paramilitärs »zum Schutz vor Aufständen« 1,3 Millionen. Sie dienen vor allem der Unterdrückung der Massen im Innern – von Streiks, Erhebungen gegen die Regierung bis hin zu Aufständen und revolutionären Bewegungen.

Die staatlichen Massenmedien nutzen die neuimperialistischen Länder als **ideologisch-politische Machtzentren** für die weltweite **Manipulierung der öffentlichen Meinung**. Katar beeinflusst mit dem Fernsehsender Al Jazeera etwa eine Milliarde Arabisch sprechende Menschen. Russland, China und die Türkei nutzen mit – zum Teil mehrsprachigen, monopolisierten – Medien die **emigrierte Bevölkerung als Plattform** ihrer neuimperialistischen Politik in anderen Ländern.

Bei UN-Klimagipfeln beanspruchen die neuimperialistischen Länder **Sonderrechte für die Zerstörung der natürlichen Lebensgrundlagen der Menschheit**. Als Vorwand nennen sie »nachholende Entwicklungsökonomie« und »unabhängige Energieversorgung«. Damit rechtfertigen sie aggressive Abbaumethoden im Berg- bzw. Tagebau, die Vernichtung der Regenwälder, die Vertreibung von Millionen Kleinbauern oder den Ausbau der Atomenergie. China, Indien, Russland, Südkorea, Iran, Saudi-Arabien, Indonesien, Brasilien, Mexiko, Südafrika und die Türkei haben ihren Anteil an den weltwei-

---

42 SIPRI (Aus Mangel an verlässlichen Angaben ist China in dieser Liste nicht enthalten.)

ten CO_2-Emissionen in die Höhe getrieben: von 35,6 Prozent im Jahr 2000 auf 50,9 Prozent 2015.[43]

In den internationalen Produktionsverbünden wuchs auch in den neuimperialistischen Ländern beschleunigt ein modernes **internationales Industrieproletariat** heran, verbunden durch die internationale Arbeitsteilung. Der größte Teil der etwa 500 Millionen Angehörigen des internationalen Industrieproletariats ist inzwischen in den neuimperialistischen Ländern beschäftigt.

Internationale Industriearbeiter in neuimperialistischen Ländern stehen mit an der Spitze von **Streiks und Klassenauseinandersetzungen**. Am 2. September 2016 beteiligten sich bis zu 180 Millionen am 2. Generalstreik gegen die Modi-Regierung in Indien. Ein Jahr zuvor hatten bereits 150 Millionen gestreikt. Am 16. August 2012 gab es das Massaker an 34 streikenden schwarzen Bergarbeitern der Lonmin-Mine in Südafrika. Daraufhin entwickelte sich in den folgenden Jahren eine Welle selbständiger Massenstreiks der Berg- und Metallarbeiter Südafrikas.

Auf diesem Boden wächst ein neuer Aufschwung der weltweiten kämpferischen Frauenbewegung. Frauen werden zunehmend Teil des internationalen Industrieproletariats. Ihre Rolle als Bindeglied zwischen der Arbeiterbewegung, der rebellischen Jugend und dem aktiven Volkswiderstand wächst. Davon zeugen Massenproteste von Frauen gegen Gesetze und reaktionäre Frauenpolitik in den USA, Indien, der Türkei oder Polen.

So entfalten sich neue Kräfte für die Koordinierung und Revolutionierung der Kämpfe in der Vorbereitung der internationalen sozialistischen Revolution – mit dem internationalen Industrieproletariat als führende Kraft.

---

43 www.globalcarbonatlas.org, eigene Berechnung GSA e. V.

V. Einige besonders aggressive neuimperialistische Länder

Die qualitativen Sprünge in der Gruppe von 14 Ländern während der Herausbildung und Entwicklung als neuimperialistische Länder zeigt die Entwicklung des Bruttoinlandsprodukts von 1980 bis 2015. Sie verdeutlicht auch, wie sprunghaft der Anteil dieser Gruppe der 14 an der Weltwirtschaft gewachsen ist, besonders seit der Ausreifung des neuimperialistischen Charakters dieser Länder nach der Jahrtausendwende. (Siehe Tabelle »Bruttoinlandsprodukt in Milliarden US-Dollar«, 1980 = 100)

1. China als stärkstes unter den neuimperialistischen Ländern

Nach Mao Zedongs Tod 1976 restaurierten die modernen Revisionisten unter Deng Xiaoping den Kapitalismus in der Volksrepublik China. Rasch entwickelte sich das Land zu einem neuartigen bürokratischen staatsmonopolistischen Kapitalismus. Dieser strebt seitdem nach **sozialimperialistischer Expansion** – unter dem Deckmantel des »Sozialismus«.

Die neue chinesische Monopolbourgeoisie war entstanden aus der kleinbürgerlich entarteten Bürokratie in Partei-, Staats- und Wirtschaftsapparat. Für ihren rasanten Aufstieg in das allein herrschende internationale Finanzkapital nutzte sie den zentralistisch organisierten, ehemals sozialistischen Staatsapparat. Sie ordnete sich diesen unter und verwandelte ihn in ein **ultrazentralistisch-bürokratisches Instrument zur Ausübung ihrer Alleinherrschaft** über das chinesische Volk.

Die Imperialisten aus aller Welt griffen die Öffnung des chinesischen Marktes, mit einer Bevölkerung von inzwischen

Bruttoinlandsprodukt in Milliarden US-Dollar* – 1980 = 100

Land/Region	1980	1985	1990	1995	1996	1997	1998	1999
Brasilien	235	223	462	786	850	883	864	599
1980=100		94,9	196,6	334,3	361,8	375,8	367,5	255,0
Russland	...	...	517	396	392	405	271	196
1989=100			102,0	78,1	77,3	79,9	53,5	38,7
Indien	190	237	327	367	400	423	429	467
1980=100		124,8	172,3	193,4	210,9	223,2	226,1	246,2
China	191	309	361	735	864	1.139	1.198	1.260
1980=100		161,9	188,8	384,3	451,9	595,8	626,7	659,0
Südafrika	81	67	112	155	148	153	138	137
1980=100		83,3	139,1	193,0	183,3	189,4	171,0	169,6
Mexiko	194	184	263	344	397	481	502	579
1980=100		94,9	135,2	176,9	204,5	247,3	258,3	298,1
Indonesien	72	85	106	202	227	216	95	140
1980=100		117,7	146,4	278,9	313,7	297,7	131,7	193,2
Südkorea	68	104	285	559	603	560	376	486
1980=100		153,0	420,0	824,9	890,0	826,6	555,3	717,3
Türkei	69	67	151	169	181	190	269	250
1980=100		97,7	219,0	246,4	263,8	276,0	391,5	363,1
Argentinien	77	88	141	258	272	293	299	284
1980=100		114,9	183,7	335,3	353,6	380,5	388,4	368,4
Saudi-Arabien	165	104	117	142	158	165	146	161
1980=100		63,1	71,0	86,6	95,9	100,3	88,6	97,8
Katar	8	6	7	8	9	11	10	12
1980=100		78,6	94,0	103,9	115,7	144,3	131,0	158,3
VAE	44	41	51	66	74	79	76	84
1980=100		93,1	116,3	150,8	168,7	180,8	173,6	193,7
Iran	94	180	125	96	120	114	110	114
1980=100		190,9	132,3	102,2	127,6	120,7	116,9	120,7
Summe 14	1.487	1.696	3.024	4.283	4.696	5.111	4.783	4.769
1980=100		114,1	203,3	288,0	315,8	343,7	321,7	320,7
OECD	8.753	10.002	18.684	25.410	25.634	25.241	25.492	26.791
1980=100		114,3	213,5	290,3	292,9	288,4	291,2	306,1
Welt	11.156	12.670	22.548	30.851	31.532	31.415	31.319	32.491
1980=100		113,6	202,1	276,6	282,7	281,6	280,7	291,3

Quelle: Weltbank World Development Indicators, eigene Berechnung GSA e.V.
China ab 1997 einschließlich Hongkong und ab 2000 einschließlich Hongkong und Macao
* Angaben in Milliarden Dollar ohne Preisbereinigung

Land/Region	2000	2001	2002	2003	2004	2005	2006	2007
Brasilien	655	559	508	558	669	892	1.108	1.397
1980=100	278,9	238,0	216,1	237,6	284,8	379,4	471,3	594,4
Russland	260	307	345	430	591	764	990	1.300
1989=100	51,3	60,5	68,1	85,0	116,7	150,8	195,4	256,6
Indien	477	494	524	618	722	834	949	1.201
1980=100	251,4	260,5	276,4	326,1	380,6	440,0	500,6	633,5
China	1.389	1.516	1.644	1.830	2.135	2.480	2.960	3.782
1980=100	726,7	792,9	860,2	957,3	1.116,9	1.297,2	1.548,8	1.978,6
Südafrika	136	122	115	175	229	258	272	299
1980=100	169,3	150,9	143,4	217,6	283,8	320,0	337,2	371,7
Mexiko	684	725	742	713	770	866	965	1.043
1980=100	351,7	372,9	381,5	367,0	396,3	445,8	496,7	536,9
Indonesien	165	160	196	235	257	286	365	432
1980=100	227,7	221,4	269,9	323,9	354,3	394,4	503,0	596,3
Südkorea	562	533	609	681	765	898	1.012	1.123
1980=100	828,3	786,2	898,2	1.003,7	1.128,1	1.324,6	1.492,3	1.655,8
Türkei	267	196	233	303	392	483	531	647
1980=100	387,5	284,9	338,0	440,5	570,1	702,1	771,8	940,8
Argentinien	284	269	98	128	165	199	233	288
1980=100	369,3	349,1	127,0	165,8	213,9	258,2	302,2	373,6
Saudi-Arabien	188	183	189	215	259	328	377	416
1980=100	114,5	111,2	114,6	130,4	157,3	199,6	229,1	252,8
Katar	18	18	19	24	32	45	61	80
1980=100	226,8	224,0	247,3	300,6	405,3	568,8	777,6	1.018,2
VAE	104	103	110	124	148	181	222	258
1980=100	239,3	237,0	251,9	285,2	339,1	414,3	509,4	591,6
Iran	110	127	129	154	184	220	259	337
1980=100	116,1	134,5	136,3	162,7	194,7	233,0	274,1	357,6
Summe 14	5.298	5.311	5.460	6.187	7.316	8.733	10.302	12.604
1980=100	356,3	357,1	367,1	416,1	492,0	587,3	692,8	847,6
OECD	27.359	27.107	28.283	31.688	35.270	37.274	39.292	42.946
1980=100	312,6	309,7	323,1	362,0	403,0	425,9	448,9	490,7
Welt	33.551	33.346	34.621	38.879	43.782	47.394	51.312	57.757
1980=100	300,8	298,9	310,3	348,5	392,5	424,8	460,0	517,7

Land/Region	2008	2009	2010	2011	2012	2013	2014	2015
Brasilien	1.696	1.667	2.209	2.616	2.465	2.473	2.456	1.804
1980=100	721,6	709,3	939,8	1.113,2	1.048,9	1.052,1	1.045,0	767,4
Russland	1.661	1.223	1.525	2.032	2.170	2.231	2.064	1.366
1989=100	327,9	241,4	301,1	401,1	428,5	440,4	407,4	269,7
Indien	1.187	1.324	1.657	1.823	1.828	1.857	2.034	2.089
1980=100	626,0	698,3	873,7	961,5	964,2	979,6	1.072,6	1.101,8
China	4.838	5.345	6.357	7.858	8.866	9.934	10.829	11.420
1980=100	2.531,2	2.796,5	3.325,9	4.110,8	4.638,3	5.197,2	5.665,2	5.974,4
Südafrika	287	296	375	416	396	368	351	315
1980=100	356,0	367,4	466,0	517,0	492,1	456,4	436,1	390,5
Mexiko	1.101	895	1.051	1.171	1.187	1.262	1.298	1.144
1980=100	566,6	460,5	540,8	602,6	610,5	649,3	667,9	588,5
Indonesien	510	540	755	893	918	913	890	862
1980=100	703,9	744,4	1.041,8	1.232,0	1.266,3	1.259,0	1.228,6	1.189,2
Südkorea	1.002	902	1.094	1.202	1.223	1.306	1.411	1.378
1980=100	1.478,1	1.330,2	1.614,2	1.773,5	1.803,5	1.925,6	2.081,5	2.032,2
Türkei	730	615	731	775	789	823	799	718
1980=100	1.061,7	893,4	1.062,9	1.126,3	1.146,8	1.196,8	1.161,2	1.043,6
Argentinien	362	333	424	530	546	552	526	585
1980=100	469,8	432,7	550,4	688,9	709,4	717,3	683,9	759,7
Saudi-Arabien	520	429	527	670	734	744	754	646
1980=100	315,9	260,8	320,2	406,9	446,1	452,4	458,1	392,6
Katar	115	98	125	168	187	199	206	165
1980=100	1.472,3	1.249,2	1.598,2	2.143,0	2.386,4	2.538,3	2.634,1	2.102,9
VAE	315	254	286	349	373	389	402	370
1980=100	723,6	581,5	656,1	799,4	856,5	891,3	921,9	849,3
Iran	397	399	468	592	587	512	425	...
1980=100	420,9	422,8	495,7	627,4	622,3	542,2	450,7	
Summe 14	14.722	14.318	17.584	21.095	22.270	23.561	24.446	22.860
1980=100	990,0	962,9	1.182,5	1.418,6	1.497,6	1.584,4	1.643,9	1.537,3
OECD	45.454	42.526	44.546	47.846	47.719	48.245	49.162	46.307
1980=100	519,3	485,9	508,9	546,6	545,2	551,2	561,7	529,1
Welt	63.346	60.046	65.853	73.170	74.694	76.770	78.658	74.292
1980=100	567,8	538,3	590,3	655,9	669,6	688,2	705,1	666,0

1,4 Milliarden Menschen, begierig auf. Vor allem mit der Methode der **»Joint Ventures«**[44] wurde der Aufbau von **privatem Monopolkapital** und **internationalen Monopolen** in China beschleunigt vorangetrieben. Die chinesischen Revisionisten bezeichneten dies heuchlerisch als *»nützliche Ergänzungen der sozialistischen Wirtschaft«.*[45] Der eigentliche Sinn bestand darin: Die **bürokratischen Monopolkapitalisten Chinas** wollten ausländische Investoren anlocken, dabei aber ihre **Kontrolle** nicht aus der Hand geben.

Das erste Joint Venture zwischen einem ausländischen und einem chinesischen Unternehmen gründeten 1984 die beiden Automobilkonzerne VW (Deutschland) und SAIC (China). China stellte zwei Bedingungen: Ausländische Monopole erhielten nur über Joint Ventures mit chinesischen Staatsunternehmen Zugang zum chinesischen Markt. Und mit der Zeit sollten die in chinesische Hand übergehen. Geschickt verstanden es die neuen Herrscher Chinas damit, moderne Technik, verbesserte Organisationsformen der Produktion und das entsprechende Know-how ihrer ausländischen Partner zu übernehmen und weiterzuentwickeln. Im Jahr 2003 lag in 16 der größeren Joint Ventures chinesischer und ausländischer Automobilhersteller die chinesische Kapitalbeteiligung bei mindestens 50 Prozent.[46] Das ging einher mit einer sprunghaften Industrialisierung des Landes. Heute gibt es in China etwa 400 bis 500 Millionen Lohnarbeiter.[47]

Zwischen 2001 und 2015 wurde das Bruttoinlandsprodukt Chinas mehr als versiebenfacht, von 1,5 auf 11,4 Billionen

---

44 Gemeinschaftsunternehmen mit ausländischem Kapital

45 Konrad Seitz, »China – eine Weltmacht kehrt zurück«, S. 282

46 »Foreign direct investment in China's automobile industry«, 2006, S. 1239

47 Lohnarbeiter gibt es in Landwirtschaft, Industrie und bei den sogenannten »Dienstleistungen«. Quelle: »Chinas Arbeitswelten«, Stiftung Asienhaus 2015

US-Dollar. Chinas Anteil am Welt-Bruttoinlandsprodukt stieg in dieser Zeit von 4,5 auf 15,4 Prozent. In derselben Zeit erhöhte sich sprunghaft die Anzahl seiner Konzerne, die zu den 500 allein herrschenden internationalen Übermonopolen zählen: von 12 auf 103.[48]

Während der Weltwirtschafts- und Finanzkrise 2008–2014 stiegen die chinesischen Sozialimperialisten auf zum größten Investor in Infrastrukturprojekte in **Afrika**.[49] Sie beanspruchten geringere Profitrenditen als die westlichen Imperialisten und vergaben zinsgünstigere Kredite für Investitionen in die Infrastruktur[50]: Häfen, Eisenbahnen, Pipelines, Straßen, Telekommunikation. Das proklamierten sie trügerisch als »Aufbauhilfe« – und erhielten dadurch erst den strukturellen Zugang zur profitablen Ausbeutung der Rohstoffe Afrikas. Vorwiegend chinesische Fachkräfte führten die Projekte durch. Gleichzeitig wuchs die Massenarbeitslosigkeit und -armut der afrikanischen Arbeiter, zigtausende kleine Bauern wurden in den Ruin getrieben.

Mit seinem Programm »Made in China 2025« leitete China eine Änderung seiner Expansionsstrategie ein im Kampf um die Neuaufteilung des Weltmarkts. Im Vordergrund steht nun, die **uneingeschränkt führende Weltwirtschaftsmacht** zu werden und den US-amerikanischen Hauptrivalen zu überholen. Zu diesem Zweck bauen sie ihre Investitionen in ausländische Monopolbetriebe mit großem technologischem Know-how aus. Chinesische Investitionen in der EU stiegen von 2015 bis 2016 um 77 Prozent auf mehr als 35 Milliarden

---

48 Fortune Global 500

49 »La Chine, principal investisseur dans le secteur des infrastructures en Afrique« www.fr.africatime.com, 24.8.2013 erschienen bei Xinhua, nur auf Französisch – eigene Teilübersetzung

50 Südwind, »Partnerschaft auf Augenhöhe? Die Rolle Chinas in Afrika«

Euro.[51] 2017 wurde das chinesische Monopol HNA mit fast zehn Prozent der größte Einzelaktionär der Deutschen Bank, der führenden Monopolbank Deutschlands. 2016 schluckte das chinesische Elektrogeräte-Monopol Midea den führenden deutschen Industrieroboter-Produzenten Kuka.[52]

Zur militärischen Absicherung seines Weltmachtstrebens hat China die weltgrößte Armee aufgebaut: Etwa 2,3 Millionen Soldaten stehen unter Waffen, 600 000 mehr als bei der US-Armee.[53] Es verfügt über mehr als 160 Interkontinentalraketen. Mit jeweils 10 bis 12 atomaren Sprengköpfen und einer Reichweite bis zu 14 000 Kilometern können sie jeden Winkel der Erde erreichen. Die chinesische Luftwaffe hat etwa 20 strategische Mittelstreckenbomber vom Typ H-6[54] zum Einsatz von Atombomben, und sie verfügt über einen Flugzeugträger.

Das Militärbündnis »**Shanghaier Organisation für Zusammenarbeit**«, unter Führung der Atomwaffenmächte China und Russland, ist vor allem gegen den Einfluss der NATO gerichtet. Auch Indien und Pakistan wurden 2017 Mitglied.[55] Mit **aggressivem kriegerischen Gebaren** um die Vorherrschaft im Südchinesischen Meer provozierte China 2014 mit Japan und 2016 mit den USA eine militärische Auseinandersetzung.[56] Die Trump-Regierung der USA sieht in China heute ihren Hauptrivalen im Kampf um die Weltherrschaft.

---

[51] www.sueddeutsche.de, 7.3.2016

[52] www.managermagazin.de, 30.12.2016

[53] www.de.statista.com

[54] Atomwaffen A–Z

[55] Deutsche Welle, 14.6.2017

[56] www.n-tv.de, 31.5.2014 und 15.12.2016

2. Der neuimperialistische Wiederaufstieg Russlands

Ausgehend vom XX. Parteitag in der Sowjetunion 1956 übernahm die zentrale Bürokratie in der Partei-, Staats- und Wirtschaftsführung unter Führung Chruschtschows als kollektiver und staatsmonopolistischer Gesamtkapitalist die Rolle der herrschenden Klasse. Diese neue Monopolbourgeoisie errichtete ihre bürgerliche Diktatur über die ganze Gesellschaft. Die Sowjetunion verlor ihren sozialistischen Charakter. War die sozialimperialistische Sowjetunion 1960 noch die zweitstärkste Wirtschaftsmacht der Welt, so fiel sie bis 1990 auf weniger als ein Drittel der Wirtschaftskraft von Westeuropa und kaum mehr als die Hälfte Japans zurück.[57]

Mit dem Zusammenbruch des RGW[58] und der Auflösung der Sowjetunion 1991 war *»Gorbatschows Versuch gescheitert, … **kontrolliert zum staatsmonopolistischen Kapitalismus westlicher Prägung** überzugehen«*[59]. Ökonomisch fiel Russland in den folgenden Jahren in der Konkurrenz mit den westlichen imperialistischen Ländern weit zurück. Die Industrieproduktion in Russland stürzte von 1991 bis 1995 um 46 Prozent ab. Russland büßte zeitweise seinen imperialistischen Charakter ein.[60]

Der Zusammenbruch des sowjetischen Sozialimperialismus ließ einen einheitlichen Weltmarkt entstehen. Das schuf die entscheidende **politische Vorbedingung der Neuorganisation der internationalen Produktion** im imperialistischen Weltsystem.

In den 1990er-Jahren wurde der größte Teil der russischen Staatsbetriebe, vor allem im Rohstoffbereich und bei staatli-

[57] »Götterdämmerung über der ›neuen Weltordnung‹«, S. 209

[58] »Rat für Gegenseitige Wirtschaftshilfe«

[59] »Götterdämmerung über der ›neuen Weltordnung‹«, S. 221

[60] Vergleiche »Götterdämmerung über der ›neuen Weltordnung‹«, S. 217–230

chen Banken, privatisiert. Auf wundersame Weise gelangten diese vor allem in die Hand von Spitzenfunktionären des ehemaligen bürokratisch-kapitalistischen Wirtschafts-, Partei- und Staatsapparats, die sogenannten **Oligarchen**.[61] Ihr **skrupelloses Profit- und Machtstreben** war eine **Triebkraft für den Aufstieg Russlands zu einer neuimperialistischen Macht**.

Der Reichtum an Rohstoffen, Erdöl, Erdgas und Metallen war eine **widersprüchliche Ausgangsbasis** für die neuimperialistische Entwicklung Russlands: Einerseits wurde der Zugriff ausländischen Kapitals aus strategischen Gründen in engen Grenzen gehalten. Andererseits nutzte Russland die Abhängigkeit vieler imperialistischer Konkurrenten von seinen Rohstoffen aus und drang so auf dem Weltmarkt vor.

Mit der Ernennung des ehemaligen Geheimdienstoffiziers des KGB, Wladimir Putin, 1999 zum russischen Präsidenten kam ein machtbesessener nationalistischer Monopolpolitiker zum Zuge. Unter seiner Führung konstituierte sich die russische Monopolbourgeoisie auf privatkapitalistischer Grundlage, das neuimperialistische Russland formierte sich. Zwischen 1990 und 2000 war dessen Anteil an der weltweiten industriellen Wertschöpfung noch von 3,3 auf 1,0 Prozent gefallen. Bis 2011 stieg er nun sprunghaft auf 2,9 Prozent. Seinen Anteil am Weltkapitalexport verzwanzigfachte Russland zwischen 1999 und 2007 auf 2,0 Prozent.[62]

Die Putin-Regierung zentralisierte viele Unternehmen und Banken zu »**National Champion Companies**«. So entstanden der zeitweise weltweit größte Aluminiumhersteller Rusal und Alrosa, ein weltmarktbeherrschendes Diamantenmonopol, und die staatliche Sberbank wurde zu einem internationalen Übermonopol aufgebaut. 19 russische Monopole waren

---

[61] www.netstudien.de/Russland/

[62] UNCTAD FDI outward stock, eigene Berechnung GSA e. V.

2014 in die weltweit hundert größten Rüstungskonzerne aufgestiegen. Gazprom stieg bis 2013 zum weltweit zweitgrößten Energiemonopol auf[63], Russland zum weltweit größten Exporteur von Erdgas. Als zweitgrößter Ölproduzent konkurriert es mit Saudi-Arabien und den USA um die Weltmarktführung. Russland wurde weltgrößter Exporteur kreditfinanzierter Atomkraftwerke.

Die Putin-Regierung betreibt nach innen eine offen reaktionäre, chauvinistische und antikommunistische Politik gegen die Arbeiterklasse und die breiten Massen. Der immer wieder aufflammende Widerstand wird mit brutalen Einsätzen von Polizei und Armee verfolgt.

Putin verfolgt das Ziel einer von Russland dominierten Eurasischen Union von Lissabon bis Wladiwostok. Brutal ging Russlands Militär gegen Loslösungsbestrebungen der Völker in Nordkaukasien sowie in Tschetschenien und Georgien vor.

Die Kampfkraft der russischen Armee gilt als zweitstärkste der Welt. 2008 wurde ein 700 Milliarden Euro schweres Modernisierungsprogramm gestartet, besonders für den Ausbau von Atomwaffen. Die russische Armee soll von 710 000 auf 915 000 Soldaten[64] erweitert und als weltweite Interventionsarmee eingesetzt werden.

Die Schwäche Russlands nutzend, drangen NATO und EU mit ihrer Osterweiterung nach dem Fall der Berliner Mauer aggressiv auf Gebiet vor, das früher unter dem Einfluss der sozialimperialistischen Sowjetunion stand. Als Reaktion darauf und im Kampf um die Vorherrschaft über die Ukraine annektierte das wiedererstarkte Russland 2014 völkerrechtswidrig die Krim.

---

63 Fortune Global 500

64 »Russian Military Capability in a Ten-Year Perspective – 2013« des schwedischen Forschungsinstituts für Verteidigungsfragen (FOI)

Russland hält im Syrien-Krieg seit 2011 das faschistoide Assad-Regime am Leben – mit militärischer Unterstützung, Bombardierungen und dem Einsatz von Bodentruppen. Über die Stärkung der Achse Iran/Syrien versucht es, seinen imperialistischen Einfluss auf den Nahen und Mittleren Osten zu wahren.

Die russische Regierung pflegt engste Beziehungen zum faschistischen türkischen Machthaber Recep Tayyip Erdoğan. Sie fördert mindestens 15 faschistoide, faschistische und ultranationalistische Parteien in der EU und führt mit ihnen regelmäßige Treffen in Russland durch. Darunter: die neofaschistische NPD und die AfD in Deutschland, die Lega Nord in Italien, der Front National in Frankreich und die Jobbik in Ungarn. Die eng mit dem Kreml unter Putin verbundene First Czech-Russian Bank gab 2014 dem faschistischen Front National neun Millionen Euro für seinen Wahlkampf.

Putin hegt scheinbar paradox auch revisionistische Parteien, die sich »kommunistisch« nennen. So empfängt er in Moskau revisionistische Parteien aus der ganzen Welt – als Gastgeber der Feierlichkeiten, die die russische Regierung anlässlich des 100. Jahrestags der Oktoberrevolution veranstaltet. Die finden unter konterrevolutionärer Leitlinie statt: *nie wieder Klassenkampf, nie wieder Revolution*. Zu den Gästen gehören die KP Chinas, die Partei der Arbeit Koreas oder die Deutsche Kommunistische Partei DKP.[65]

Mit diesen Verbindungen versucht Putin die EU und ihre Mitgliedsländer zu destabilisieren.

---

[65] Bilaterales Gespräch mit Genossen der Marxistisch-Leninistischen Plattform (MLP) Russland und der Russischen Kommunistischen Arbeiterpartei (RKAP) im Januar 2017

3. Die neuimperialistische Dominanz Indiens auf dem indischen Subkontinent

Zu Beginn seiner staatlichen Unabhängigkeit von Großbritannien 1947 entwickelte Indien als rohstoff- und bevölkerungsreiches Land eine relativ allseitige **Basis der Industrialisierung und Produktion von Investitionsgütern**. Dazu diente die Verstaatlichung der Schlüsselindustrien und kapitalistischer Großbetriebe. Nach 1956 wurde eine eigenständige Entwicklung durch den Neokolonialismus der sozialimperialistischen Sowjetunion weitgehend eingeschränkt. In dieser Zeit entwickelte Indien auch ausgeprägte bürokratisch-kapitalistische Züge – ein materieller Ausgangspunkt für die spätere Herausbildung des staatsmonopolistischen Kapitalismus.

Mit der »Grünen Revolution« wurde eine kapitalistische Industrialisierung der Landwirtschaft eingeleitet. Das Gesetz zur Aufhebung der Fronarbeit 1976 setzte die dazu notwendigen Landarbeiter frei. Es war die Weichenstellung zu einem enormen Wachstum des indischen Binnenmarktes für Produktions- und Konsumgüter. In diese Zeit fiel die Gründung indischer Rohstoffkonzerne in den Bereichen Öl, Gas, Petroleum, Kohle, Stahl, Aluminium, meist als staatliche Unternehmen, die finanziell und technologisch aber noch vom imperialistischen Ausland abhängig waren.

Der Zusammenbruch der sozialimperialistischen Sowjetunion 1991 war die einschneidende Voraussetzung, damit das internationale Finanzkapital seine neoliberale Politik auch gegenüber Indien durchsetzen konnte. Die **»Neue Ökonomische Politik«** des Finanzministers Manmohan Singh öffnete Indien durch Beitritt zur Welthandelsorganisation (WTO) 1995 dem Weltmarkt. Sie organisierte die Privatisierung des öffentlichen Sektors. Singh förderte in großem Umfang ausländische Investitionen und die Einrichtung einer Vielzahl von **Sonderwirtschaftszonen**. Im Jahr 2005 wurde der »Special Economic Zones Act« verabschiedet. Seitdem wuchs die Zahl neuer Sonderwirtschaftszonen bis 2017 auf 421, mit 4456 Unternehmen und 1,7 Millionen Beschäftigten.[66]

Von diesem staatlichen Programm der Privatisierungen und Sonderwirtschaftszonen profitierte auch die indische Monopolbourgeoisie, die bereits über umfangreiches Industrie-, Bank-, Handels- und Agrarkapital verfügte. Der Weltanteil Indiens am Bruttoinlandsprodukt stieg zwischen 1995 und 2007 stetig von 1,2 auf 2,1 Prozent – eine Steigerung um 75 Prozent.

2004, unmittelbar nach der Wahl von Sonia Gandhi zur Ministerpräsidentin, erlebte Indiens Börse den größten Einbruch seit 135 Jahren. Hintergrund war die Sorge des internationalen Finanzkapitals, die Regierung könnte den Weg der Privatisierung verlassen. In dieser Situation drängte die **indische Monopolbourgeoisie** Gandhi zum »Verzicht« auf das Ministerpräsidentenamt. Die Börse schnellte nach oben, als dann Manmohan Singh Ministerpräsident wurde. Im Konkurrenzkampf der indischen Monopolbourgeoisie mit den internationalen Monopolen um die Kontrolle von Wirtschaft und Staat Indiens gewannen führende indische Monopole mehr und mehr den entscheidenden Einfluss.

Es folgte eine rasante Entwicklung zu einer wachsenden Rolle Indiens auf der Weltbühne. 2006 erkannten die USA Indien offiziell als sechste Atommacht an. Der rasche Aufstieg der Telekommunikation und des Internets verschaffte Indiens Monopolen, die über eine große Anzahl hervorragend ausgebildeter **IT-Spezialisten** verfügten, besondere Konkurrenzvorteile.

In krassem Gegensatz zu den hochmodernen Industriegebieten sind weite Teile des Landes von großer Armut bestimmt, rückständig und von halbfeudal ländlicher Produktion ge-

---

[66] Fact Sheet on Special Economic Zones auf www.sezindia.nic.in

prägt. Diese Tatsache verleitet manche linke Ökonomen, den neuimperialistischen Charakter Indiens anzuzweifeln. Lenin sagte 1917 in einer vergleichbaren Situation zum imperialistischen Charakter Russlands:

»In Rußland wäre es überdies auch darum falsch, den Imperialismus als ein einheitliches Ganzes darzustellen (der Imperialismus ist überhaupt kein einheitliches Ganzes), weil es in Rußland noch sehr viele Gebiete und Arbeitszweige gibt, die von der Natural- und Halbnaturalwirtschaft erst zum Kapitalismus übergehen.« (»Materialien zur Revision des Parteiprogramms«, geschrieben April/Mai 1917, Lenin, Werke, Bd. 24, S. 466)

Indische Konzerne verstärken inzwischen die neokoloniale Abhängigkeit anderer Länder. Indian Oil ist der größte Ölproduzent in Sri Lanka.[67] Bharti Airtel vereinnahmte 2015 das Mobilfunknetz von 15 afrikanischen Ländern. Das indische Chemiemonopol Reliance Industries, der größte Faser- und Polyesterhersteller der Welt, hat Hauptproduktionsstandorte in der Türkei, Malaysia, China, Großbritannien und den Niederlanden. Die Exporte gehen in 121 Länder.[68] Indische **Weltmarktführer** sind auch Mahindra im Traktorenbau, Wipro im IT-Bereich, Crompton Greaves bei Transformatoren.

Der indische Stahlkonzern **ArcelorMittal** stieg seit seiner Gründung im Jahr 2007 in kurzer Zeit aggressiv zum größten Stahlproduzenten der Welt auf. Er entstand durch die Übernahme der luxemburgischen Arcelor, dem damals zweitgrößten Stahlkonzern der Welt, durch Mittal Steel. Mit 41 Millionen Jahrestonnen 2016 und 199 000 Beschäftigten weltweit ist er auch Europas größter Stahlproduzent vor dem indischen Monopol **Tata Steel**, das eine Jahresproduktion von 24 Millionen Tonnen und 70 000 Beschäftigte hat. Unter

---

[67] www.iocl.com

[68] www.ril.com

rücksichtslosen Methoden der Ausbeutung von Mensch und Umwelt arbeiten bei ArcelorMittal auch mehr als 30000 Kumpel in Kasachstan, der Ukraine, Bosnien, Kanada, den USA, Mexiko, Brasilien und Liberia.[69]

Als Manmohan Singh mit seinem Programm forcierter Privatisierungen und des Ausbaus von Sonderwirtschaftszonen auf breiten Massenwiderstand stieß, kam 2014 der mit dem Hindu-Faschismus verbundene **Narendra Modi** an die Regierung. Sein Programm »**Make in India**« zeichnet sich aus durch Strukturmaßnahmen und Investitionen mit besonderer Förderung der Expansion der indischen Monopole. Dem dienten auch Maßnahmen zum Schutz von Investoren im Ausland und zur Besteuerung der internationalen Monopole. 2016 waren 58 indische Konzerne in die weltweit 2000 größten Unternehmen vorgedrungen, mehr als Deutschland mit 51.[70]

Der indische Bergbaukonzern Adani investiert 11,5 Milliarden Euro in die **Errichtung der Carmichael Kohlemine in Australien** – mit einer Jahresförderung von 60 Millionen Tonnen eine der größten Minen der Welt. Zu der Investition gehören auch der Bau einer Bahnlinie und die Pacht für 99 Jahre des Kohlehafens Abbot Point. Die australische Regierung genehmigte dieses größenwahnsinnige Projekt 2017: Es führt zu weiträumiger Grundwasserabsenkung und zerstört das vor der Küste liegende einmalige Ökosystem Great Barrier Reef.[71] Die Modi-Regierung betreibt aggressiv den **Ausbau** von weiteren 370 Kohlekraftwerken und will zehn neue Atomreaktoren bauen.

Modi begründet sein Regierungsprogramm ausdrücklich mit der Hindutva-Ideologie. Sie zielt ab auf ein Reich der Hindu

---

69 Annualreview2015.arcelormittal.com/operations-and-performance/segment-review/mining

70 Forbes Global 2000

71 www.greenpeace.org.au

in der »geokulturellen« Einheit des gesamten indischen Subkontinents. Das dient als weltanschauliche Basis für die imperialistischen Ambitionen. Mit völkerrechtswidrigen Blockaden wie 2015, der Förderung separatistischer Bewegungen in der Terai-Region, direkte Einmischung in seine Gesetzgebung soll Nepal in einen hinduistischen Staat unter Vorherrschaft Indiens verwandelt werden. Der Hindu-Nationalismus ist als aggressive antikommunistische Ideologie erklärter Feind der marxistisch-leninistischen und antiimperialistischen Bewegung.

Im Jahr 2016 übertrafen Indiens staatliche Rüstungsausgaben von 55,9 Milliarden US-Dollar bereits die Frankreichs und Großbritanniens. 2013 ging der erste in Indien gebaute Flugzeugträger vom Stapel. 2016 erfolgte der Start des ersten wiederverwendbaren Raumfrachters.

Mit Japan und den USA schloss Modi »strategische«, gegen China gerichtete Bündnisse ab. Da der US-amerikanische Weltherrschaftsanspruch durch China bedroht wird, sind die USA im ostasiatischen Raum auf Indien angewiesen. Dieses zwischenimperialistische Bündnis setzt das **eigenständige Interesse Indiens** voraus, sich gegen den chinesischen Konkurrenten zu behaupten. Es ist ein **zeitweiliges und widersprüchliches Bündnis zum gegenseitigen Vorteil**. Die ehemals **einseitige Abhängigkeit** Indiens von den USA weicht mehr und mehr einer **gegenseitigen Durchdringung**, auch wenn die imperialistische Supermacht USA nach wie vor den Ton angibt.

Innenpolitisch richtet sich das neue imperialistische Expansionsstreben Indiens vor allem auf die Unterdrückung des Klassenkampfs des Millionenheers des internationalen Industrieproletariats und der Hunderte Millionen umfassenden ländlichen Bevölkerung.

4. Die neuimperialistische Türkei an der Nahtstelle zwischen Europa und Asien

Durch ihre Lage zwischen Europa, Asien und Afrika hat die Türkei eine besondere geopolitische, wirtschaftliche und militärstrategische Bedeutung. Nach dem Zusammenbruch des Osmanischen Reichs infolge des I. Weltkriegs wurde das Land zu einer Halbkolonie verschiedener imperialistischer Länder. 1923 wurde nach einem nationalrevolutionären Befreiungskrieg unter Führung Mustafa Kemal Atatürks die türkische Republik gegründet. Er verfolgte eine Politik zugunsten der nationalen Bourgeoisie: für nationale Unabhängigkeit, kapitalistische Industrialisierung, Modernisierung und Säkularisierung[72] des Landes und zur Einschränkung imperialistischer Einflussnahme.

1927 lebten in der Türkei 13,7 Millionen Menschen, heute sind es 79 Millionen. Die große Mehrheit der Bevölkerung sind Muslime.

1952 wurde die Türkei Mitglied der NATO und geriet in neokoloniale Abhängigkeit, besonders vom US-Imperialismus. 1960, 1971 und 1980 putschte das Militär im Interesse des Imperialismus und der einheimischen Großbourgeoisie, unterstützt und gefördert von der NATO und der CIA. Die Militärputsche 1971 und 1980 waren verbunden mit der blutigen Unterdrückung der erstarkten Arbeiterbewegung und der revolutionären Linken.

Bereits in den 1960er-Jahren entwickelten sich bedeutende türkische Monopole wie die Koç Holding oder Oyak. Letzteres bildete sich aus einem Pensionsfonds der Streitkräfte und umfasst heute fast 90 Unternehmen und Beteiligungen in verschiedenen Branchen.

---

[72] weltlicher Staat, Trennung von Staat und Kirche bzw. Staat und Religion

In den 1980er-Jahren forcierten die Monopole die beschleunigte Umwandlung der Türkei zu einem **kapitalistischen Industrieland** – das geschah mithilfe des Staates unter Einsatz von ausländischem Kapital. 1971 wurde der **Unternehmerverband TÜSIAD** gegründet, der sich im Interesse der internationalen und nationalen Monopole Einfluss auf die staatlichen Entscheidungen verschaffte.

Die allgemein bedeutende gesellschaftliche Rolle des türkischen Militärs, die besonders nach dem Militärputsch 1980 noch zunahm, beschleunigte die Herausbildung von **Strukturen des staatsmonopolistischen Kapitalismus**. Der Militärputsch 1980 leitete einen Kurswechsel zum Neoliberalismus ein: Die vom IWF diktierte Privatisierung staatlicher Betriebe förderte die Verschmelzung des Industrie-, Bank- und Handelskapitals mit Teilen der reaktionären Agraroligarchie. Die so entstandende **einheimische Monopolbourgeoisie** stand aber immer noch weitgehend unter dem Diktat des ausländischen Finanzkapitals. Internationale Monopole wie Toyota, Daimler, Ford, Renault, Bosch, Fiat oder RWE haben Produktionsstandorte in der Türkei.

Arbeiteten Ende der 1970er-Jahre über 50 Prozent der Bevölkerung in der Landwirtschaft, so waren es 2014 nur noch knapp 20 Prozent. 74 Prozent der Bevölkerung lebten 2016 in Städten, Mitte der 1970er-Jahre waren es erst 40 Prozent. Es entstand ein **modernes internationales Industrieproletariat**. Etwa drei Millionen arbeiten in Produktionsstätten der Textil- und Bekleidungsindustrie, mehr als 50 000 bei internationalen und türkischen Elektrokonzernen. Rund 400 000 sind in der Automobilbranche bei 17 Herstellern und rund 4000 Zulieferunternehmen beschäftigt.[73]

Die schwere Weltwirtschaftskrise 2001 verstärkte für die türkischen Monopole den ökonomischen Zwang zur Expan-

[73] Länder-Informationsportal Türkei, www.liportal.de

sion. Das führte zu einer offenen Regierungskrise, von der auch die Ideologie des Kemalismus und Säkularismus erfasst wurde. Das eröffnete Spielräume für die vorgeblich »moderat-islamische« AKP unter Führung Recep Tayyip Erdoğans und im Bündnis mit der islamistischen Gülen-Bewegung. Erdoğan konnte religiöse und kleinbürgerlich-nationalistische Gefühle unter Teilen der Massen verbreiten und verankern und die Parlamentswahlen 2002 gewinnen. Das wurde von den USA und der EU vehement gefördert.

Soziale und politische Reformen der Regierung Erdoğan, auf Grundlage eines wirtschaftlichen Aufschwungs, ermöglichten ihr, die notwendige Massenbasis aufzubauen für das Großmachtstreben der Türkei.

2004 wurde ein neues **Investitionsfördergesetz** beschlossen, das in- und ausländische Investoren gleichstellte. Es folgte eine neue Welle der Privatisierung von Staatsunternehmen: des Stromnetzes, von Häfen, Infrastrukturprogrammen, Gebäuden, Ländereien etc. Das bewirkte einen sprunghaften Anstieg des Kapitalimports und einer kreditfinanzierten Erweiterung des Binnenmarkts. Und es beschleunigte die Kapitalakkumulation in der Türkei, die auch den türkischen Monopolen zugutekam. Seit 2002 verdreifachte sich das Bruttoinlandsprodukt der Türkei.

Die Konzentration und Zentralisation des Kapitals in der Türkei hatte bis 2014 4858[74] Großunternehmen mit mehr als 250 Beschäftigten geschaffen; 1628 davon in der verarbeitenden Industrie. 2016 gehörten zehn türkische Monopole zu den 2000 größten der Welt.[75]

Seit dem Irakkrieg 2003–2011 weiteten türkische Monopole ihren Einfluss im Nahen Osten stetig aus. 2014 beteiligte sich

---

[74] ohne Finanz- und Versicherungsunternehmen, Rundfunk, Fernsehen und Programmierung

[75] Forbes Global 2000, Angaben für 2016

das Ölmonopol Türkiye Petrolleri A. O. (TPAO) mit 1,9 Milliarden US-Dollar am Erdgasfeld Shah-Deniz und an der Südkaukasus-Pipeline in Aserbaidschan.[76]

Die größte Fluglinie, Turkish Airlines, erweiterte sprunghaft die Zahl ihrer Zielflughäfen in Afrika von zwei auf 48; ihr Passagieraufkommen verdoppelte sich fast seit 2011: auf 61,2 Millionen.[77] Von bisher dominierenden Gesellschaften wie Air France, British Airways oder Lufthansa eroberte sie Marktanteile, insbesondere in den westafrikanischen Staaten Ghana, Benin, Kamerun, Nigeria.[78]

Das größte türkische Monopol ist die **Koç Holding**, ein Mischkonzern, unter anderem aktiv in der Autoindustrie, der Energiewirtschaft und bei Finanzdienstleistungen. Mit einem Umsatz von 25,5 Milliarden US-Dollar hat sie als erstes türkisches Monopol den Aufstieg in die 500 internationalen Übermonopole geschafft.[79] Die Koç Holding unterhält Produktionsbetriebe in Russland, Thailand, China, Südafrika und Rumänien und beutet die Arbeiter dieser Länder aus. Über Joint Ventures, insbesondere mit Ford und Fiat, bestimmt sie 48 Prozent der Autoproduktion der Türkei. Zwischen 1990 und 2015 steigerten türkische Monopole ihren **Kapitalexport** von 1,2 auf 44,7 Milliarden Dollar, also um fast das 40-Fache.[80]

In der Außenpolitik begründete die AKP-Regierung ihre Machtansprüche im Nahen und Mittleren Osten sowie Nord-Afrika mit dem sogenannten **»Neo-Osmanismus«**. Dazu **förderte** sie religiös verbrämte **faschistische Terrororganisationen** wie Al Nusra und »Islamischer Staat« (IS).

---

[76] GTAI Türkei im Fokus 2015, S. 6

[77] Turkish Airlines Annual Report 2015, S. 26

[78] Rote Fahne Magazin 21/2016

[79] Fortune Global 500

[80] UNCTAD FDI Outward Stock

Schon in den 1970er-Jahren machte die Türkei Anstrengungen, eine eigenständige Rüstungsindustrie aufzubauen. 1974 wurde die »Stiftung zur Stärkung der türkischen Streitkräfte« (TSKGV) gegründet – als Antwort auf ein von den USA verhängtes Waffenembargo gegen die Türkei.[81] Der **Auf- und Ausbau des militärisch-industriellen Komplexes** wurde zum **Schrittmacher des türkischen neuimperialistischen Expansionsstrebens**. Die Produktion von Rüstungsgütern wuchs seit 2011 jährlich um 21 Prozent. Das jährliche Militärbudget wuchs 2016 gegenüber 2015 um 1,25 Milliarden US-Dollar für militärische Produkt- und Technologieentwicklung. Das führende türkische **Rüstungsmonopol ASELSAN** verzeichnet heute ein Wachstum der Nachfrage von 273 Prozent gegenüber 2015.

Im August 2016 unterzeichnete der türkische Rüstungskonzern **BMC** mit der deutschen **Rheinmetall AG** und der malaysischen Etika Strategi ein Abkommen über die Gründung einer gemeinsamen Tochtergesellschaft (RBSS). Es ermöglicht dem türkischen Militär und anderen Armeen, »gepanzerte Systemlösungen« zur Herstellung von modernsten Panzerfahrzeugen auf Räder- und Kettenfahrgestellen anzubieten. Seit 2015 sind die Streitkräfte Katars zu 49 Prozent am türkischen Rüstungskonzern BMC beteiligt. Im April 2017 schloss die Türkei mit Katar einen Vertrag über die Lieferung von 1500 Panzerfahrzeugen. Der Bau des ersten Flugzeugträgers bis 2021 unterstreicht die imperialistischen Ambitionen der Türkei.

Mit ihrem Staatsterror setzt die neuimperialistische Türkei die verschiedenen Waffensysteme, Geheimdienste, Polizei, Militär und Paramilitär brutal ein: gegen die kurdische Bevölkerung und deren Befreiungskampf, aber auch gegen Kämpfe der Arbeiterklasse und der breiten Massen.

---

[81] Türkische Rüstungsindustrie plant 373 Patente bis 2021, www.eurasia-news.de, 11.6.2017

Mit 493 000 Mann ist die türkische **Armee** die zehntstärkste weltweit und – nach den USA – die zweitstärkste in der NATO.[82]

Die ehemals neokoloniale Abhängigkeit der Türkei vom Imperialismus wandelte sich in eine **wechselseitige Durchdringung** zwischen der neuimperialistischen Regionalmacht Türkei, dem US-Imperialismus, der EU und dem deutschen Imperialismus. Auf der Grundlage ihrer **geopolitischen Schlüsselrolle** nutzt die AKP-Regierung die wachsenden Widersprüche zwischen den USA, der EU, Russland und China. In der Krise der Flüchtlingspolitik der EU 2015 missbrauchte die Türkei Millionen Menschen, die aus dem Irak oder den Kriegsgebieten Syriens über die Türkei nach Europa emigrieren wollen, als Druckmittel für die Durchsetzung ihrer neuimperialistischen Politik.

In den meisten Moscheen Deutschlands stellt die Türkei den Imam. Der türkische Staat finanziert diese Imame, bildet sie aus und sucht in Verbindung mit den türkisch-sprachigen Massenmedien die Bevölkerungsteile türkischer Herkunft zu vereinnahmen für die reaktionäre Politik der Türkei. Etliche »Geistliche« wurden bislang schon als Mitarbeiter des türkischen Geheimdiensts überführt.

Die Attraktion der wirtschaftlichen Entwicklung in der Türkei und die Manipulation der öffentlichen Meinung hat der Regierung Erdoğan bis 2015 eine Rückkehrwelle von hunderttausenden Emigranten aus der EU beschert.

Der gescheiterte Militärputsch im Juni 2016, ausgeführt von Teilen der türkischen Armee, erfolgte nicht zufällig gerade **nachdem** Erdoğan die Möglichkeit einer engeren Zusammenarbeit mit Russland und dem Shanghai-Bündnis ins Spiel gebracht hatte. Eine wichtige Rolle bei dem Putschversuch spielten diejenigen Truppenteile, die stark in NATO-Struk-

---

[82] Global Firepower: www.test.dtj-online.de, 23. 5. 2015

turen eingebunden waren. Sie stützten sich auf die – von den USA geförderte – antikommunistische und faschistoide islamistische Gülen-Bewegung, die 2013 mit Erdoğan gebrochen hatte. Erdoğan nahm den gescheiterten Putsch als willkommenen Vorwand, den Ausnahmezustand zu verhängen und eine Massenbasis zu schaffen für die **Errichtung einer faschistischen Diktatur**. Im April 2017 ließ die Regierung – unter Bedingungen des Ausnahmezustandes – ein manipuliertes Referendum durchführen. Damit wollte sie der faschistischen Zerschlagung demokratischer Rechte und Freiheiten einen demokratischen Anstrich verpassen. Doch der antifaschistische Widerstand und der Kampf für Freiheit und Demokratie entwickeln sich – trotz brutaler Unterdrückung der revolutionären und demokratischen Opposition und des kurdischen Volkes.

VI. Notwendiger Kampf gegen Sozialchauvinismus, Opportunismus und Dogmatismus

Die Zuspitzung der Widersprüche im imperialistischen Weltsystem und die Verschärfung der Klassenauseinandersetzungen erweitern das Potenzial für eine revolutionäre Weltkrise. Sie sind zugleich ein Nährboden für das Vordringen des Opportunismus mittels **der kleinbürgerlich-opportunistischen Denkweise** in der internationalen Arbeiter- und revolutionären Bewegung. Die Widersprüche zwischen der **revolutionären** und der **opportunistischen Richtung** treten offener zutage.

Unter der Bedingung sich zuspitzender Widersprüche im imperialistischen Weltsystem kommt es tendenziell zu einer **Umwandlung des Opportunismus in den Sozialchauvinismus**.

Die deutsche Bundesregierung unter Kanzlerin Merkel verkauft ihre führende Rolle in der EU als Politik der Friedenserhaltung, des ökologischen, wirtschaftlichen, politischen und sozialen Interessenausgleichs – als Gegenentwurf zur Politik Trumps, Erdoğans oder Putins. Genau das gehört zum System der kleinbürgerlichen Denkweise als Regierungsmethode. Damit bedient sie geschickt die Illusionen kleinbürgerlich-reformistisch und kleinbürgerlich-revisionistisch beeinflusster Kräfte in der Arbeiter- und Massenbewegung, die davon träumen, von »guten« oder »erträglichen« Imperialisten gegen die »bösen« geschützt zu werden.

Auf diese Position sind mehr oder weniger alle Berliner Parteien eingeschwenkt, dazu die gesamte bürgerliche Medienlandschaft und die rechte Gewerkschaftsführung. Das Ergebnis: Die **kleinbürgerlich-sozialchauvinistische Denkweise in der Arbeiter- und Volksbewegung dringt vor** – auf die antiimperialistische Kritik am deutschen oder europäischen Imperialismus wird verzichtet und dem russischen oder chinesischen Imperialismus eine antiimperialistische Position angedichtet.

Die PCMLM (Partido Comunista de Bolivia – Marxistisch-Leninistisch-Maoistisch) erklärte am 26. März 2017 ihren **Austritt aus der ICOR**[83]. Sie begründet diesen Schritt unter anderem mit der Haltung der ICOR zum bewaffneten Konflikt in der Ukraine:

»Es ist für uns unfassbar, dass man Russland als Hauptfeind und ›Aggressor‹ der Ukraine ansehen kann. Das bedeutet, den US-Imperialismus ›reinzuwaschen‹ …«[84]

---

[83] ICOR: Internationale Koordinierung Revolutionärer Parteien und Organisationen

[84] »Zusammenfassung der politischen und ideologischen Differenzen zwischen der Kommunistischen Partei (MLM) Boliviens mit der ICOR«, 20.3.2017

Die ICOR hat zu keinem Zeitpunkt Russland als »Hauptfeind« bezeichnet. Sie hat auch nicht infrage gestellt, dass die Hauptgefahr für den Weltfrieden von der US-amerikanischen Supermacht ausgeht, und dass USA und NATO einschließlich der Regierung der Ukraine im Ukraine-Konflikt eine ultrareaktionäre Rolle spielen.

Aber: Kann der Führung der PCMLM wirklich entgangen sein, dass die Politik Putins gekennzeichnet ist durch massive Repression gegen die Arbeiterbewegung, die nationalen Minderheiten, die demokratischen und revolutionären Kräfte in Russland? Ist sie nicht in der Lage, den imperialistischen Charakter Russlands zu erkennen, das von der Wiederherstellung der Macht des russischen Sozialimperialismus oder des Zarenreichs träumt?

Auch aus der heute von Fraktionskämpfen zerrissenen Deutschen Kommunistischen Partei (DKP) verlauten Bekundungen der Vasallentreue gegenüber Russland. So bestreitet die stellvertretende Vorsitzende der DKP, Wera Richter, in ihrer Einleitungsrede zur Tagung des DKP-Vorstands den imperialistischen Charakter Russlands und Chinas:

»Natürlich handelt es sich im Unterschied zu den G7 nicht um ein Treffen, bei dem sich ausschließlich die Führer der führenden Imperialisten treffen. … Wir wissen, dass Russland und die VR China, wie auch einige andere Länder der G20, zu den faktischen Bündnispartnern der Friedensbewegung gehören.«[85]

Auf einer Konferenz der modernen Revisionisten in Münster im April 2017 erkor die DKP Russland sogar zu einer antiimperialistischen Kraft:

[85] DKP-Informationen Nr. 3/2017 – 21.6.2017, 9. Tagung des Parteivorstandes, 17./18.6.2017, Essen

»Russland ist zu einer Politik in Gegnerschaft zur NATO gezwungen und agiert damit objektiv antiimperialistisch.«[86]

Diese absurde Logik kennzeichnet den **Übergang des Revisionismus zum offenen Sozialchauvinismus**. Es ist sozialchauvinistisch, sich unter der Flagge revolutionärer Gesinnung bei zwischenimperialistischen Widersprüchen oder gar Kriegen auf die Seite des einen oder anderen Imperialisten zu schlagen. Die **Arbeiterklasse, die unterdrückten Massen und die Revolutionäre der Welt** müssen **gegen ausnahmslos jede Art von Imperialisten kämpfen!**

Unter den Organisationen und Parteien der ICOR entwickelt sich zurzeit eine **fruchtbare, teils kontroverse Auseinandersetzung** über die Herausbildung neuimperialistischer Länder und die daraus zu ziehenden Schlussfolgerungen.

Einige Parteien vermeiden den Begriff **»neuimperialistisches Land«** ausdrücklich und sprechen von **»Regionalmacht«**. »Regionalmacht« ist aber lediglich eine oberflächliche **Beschreibung** des Expansionsbestrebens von Ländern wie Indien, Türkei oder Saudi-Arabien. Sie werden damit nicht wissenschaftlich und vom Klassenstandpunkt aus charakterisiert. Das trifft auch zu auf Begriffe wie »subimperialistische Länder« oder »Schwellenländer«.

Gegen die Charakterisierung Saudi-Arabiens, Katars und der Vereinigten Arabischen Emirate (VAE) als neuimperialistische Länder wird eingewendet, dass diese ***»kaum eine eigene fortgeschrittene Produktionsbasis«*** hätten. Tatsächlich ist deren Produktionsbasis eingeschränkt und auf Öl und Gas konzentriert. Sie ist jedoch integriert in die internationalisierte Produktionsweise. Diese Länder investieren ihr überakkumuliertes Kapital in Anteile an Monopolen auf der ganzen Welt. 22,7 Prozent der Beschäftigen in Saudi-Arabien arbeiten in der Industrie, 71,2 Prozent im sogenann-

---

[86] »unsere zeit« (uz), 14.4.2017, S. 13

ten Dienstleistungsbereich, der zu einem großen Teil mit Industriearbeitsplätzen gleichzusetzen ist. Saudi-Arabien verfügt mit Aramco über das nach geschätztem Börsenwert **weltgrößte Monopol**, mit ca. 400 Milliarden US-Dollar Umsatz 2013. Es besitzt 20 der 2000 größten Monopole in 2013, die VAE 14 und Katar 8.[87] Die sechs bis acht Millionen Arbeiter in Saudi-Arabien kommen aus Pakistan, Bangladesch, den Philippinen. Sie werden unter menschenunwürdigen Bedingungen ausgebeutet und unterdrückt.

Aufgrund der heutigen Stufe der **internationalen Arbeitsteilung** ist das Vorhandensein einer allseitigen Produktionsbasis kein entscheidendes Beurteilungskriterium mehr für die Qualifizierung eines Landes als »imperialistisch«. Die imperialistischen Länder und ihre internationalen Monopole konzentrieren sich auf *die* Bereiche, in denen sie Weltmarktführung erringen, Monopolpreise diktieren und andere Länder – auch imperialistische – in Abhängigkeiten bringen können.

Dem entspricht auch die von Saudi-Arabien, Katar und den VAE verfolgte Strategie des Kapitalexports. Der Staatsfonds Qatar Investment Authority verfügt über geschätzte 335 Milliarden US-Dollar. Mit Milliarden US-Dollar ist er an Aktiengesellschaften und großen Immobilien- und Infrastrukturprojekten weltweit beteiligt, davon allein mit 57 Milliarden US-Dollar an nur zehn Unternehmen wie VW, Glencore oder Royal Dutch Shell[88]. In Saudi-Arabien werden 450 Milliarden Euro von der Notenbank verwaltet, die dafür weltweit Bankguthaben anlegt und Anleihen und Aktien aufkauft.

Lenin hob hervor, dass für das herrschende imperialistische Finanzkapital gerade die **Loslösung von der direkten Produktion** besonders charakteristisch ist:

---

[87] Forbes Global 2000

[88] www.bloomberg.com

»Zum typischen ›Herrscher‹ der Welt wurde nunmehr das Finanzkapital, das besonders beweglich und elastisch, national wie international besonders verflochten ist, das besonders unpersönlich und von der direkten Produktion losgelöst ist, das sich besonders leicht konzentriert und bereits besonders stark konzentriert hat, so daß buchstäblich einige hundert Milliardäre und Millionäre die Geschicke der ganzen Welt in ihren Händen halten.«[89]

Auf die arabischen Scheichtümer trifft zu, was Lenin zum parasitären Wesen des Imperialismus schrieb:

»Immer plastischer tritt als eine Tendenz des Imperialismus die Bildung des ›Rentnerstaates‹, des Wucherstaates hervor, dessen Bourgeoisie in steigendem Maße von Kapitalexport und ›Kuponschneiden‹ lebt.«[90]

Ein weiterer Einwand gegen den neuimperialistischen Charakter dieser Scheichtümer ist ihre ***»feudale Herrschaftsstruktur«***. Der müsste sich auch gegen Lenin richten, der das zaristische Russland als *»beispiellos brutalen, mittelalterlichen, wirtschaftlich rückständigen, militärisch-bürokratischen Imperialismus«*[91] definierte. Die autokratische Herrschaftsform ist als besondere Form des staatsmonopolistischen Kapitalismus äußerst dienlich.

Die der Wirklichkeit widersprechenden Einschätzungen der neuimperialistischen Länder sind das **Ergebnis einer dogmatischen Anwendung des Marxismus-Leninismus**. Sie ziehen unausweichlich Fehler in der Strategie und Taktik nach sich und bewirken vermeidbare Rückschläge im sozialen und nationalen Befreiungskampf.

---

[89] Lenin, Vorwort zu N. Bucharins Broschüre »Weltwirtschaft und Imperialismus«, Werke, Bd. 22, S. 103

[90] Lenin, »Der Imperialismus ...«, Werke, Bd. 22, S. 305

[91] Lenin, »Die Ergebnisse der Diskussion über die Selbstbestimmung«, Werke, Bd. 22, S. 368

VII. Die neue Qualität der allgemeinen Krisenhaftigkeit des Imperialismus

Bis zur Auflösung der Sowjetunion bestand eine **Bipolarität** im imperialistischen Weltsystem: Die USA und die sozialimperialistische Sowjetunion waren die beiden imperialistischen Supermächte. Heute ist auch durch das Aufkommen zahlreicher neuimperialistischer Länder, die immer mehr Gewicht und Einfluss auf Weltwirtschaft und Weltpolitik bekommen, an die Stelle der Bipolarität eine **Multipolarität** getreten.

Vor hundert Jahren wurde die Welt noch von einer Handvoll imperialistischer Großmächte beherrscht. Die große Mehrheit der Menschen lebte in Kolonien und Halbkolonien. **Heute leben etwa 65,5 Prozent der Weltbevölkerung in imperialistischen Ländern.**

Die gesellschaftlichen Verhältnisse befinden sich also großteils im höchsten und letzten Stadium des Kapitalismus, der unmittelbaren Vorstufe des Sozialismus. Diese Entwicklung bedeutet einen Sprung in eine neue Qualität der Krisenhaftigkeit des imperialistischen Weltsystems und der Chancen für die internationale sozialistische Revolution.

In den Ländern, die als neokoloniale Anhängsel ausgeplündert werden, sind die Massen katastrophalen Lebensverhältnissen ausgesetzt. Einige dieser Länder – wie Afghanistan, Syrien, Irak, Jemen, Kongo oder Libyen – werden seit Jahren durch die Rivalität zwischen den alten und neuen Imperialisten regelrecht zerfetzt: durch Kriege und reaktionären Terror.

Innerhalb der imperialistischen Länder verschärfen sich die Klassenwidersprüche. Die Kluft zwischen Arm und Reich klafft immer weiter auseinander. Während die herrschenden Monopole eine privilegierte Schicht im Kleinbürgertum und unter den Industriearbeitern als Massenbasis für ihre Herrschaft korrumpieren, wird eine wachsende Masse der

Bevölkerung in die Armut getrieben. Die Überausbeutung der Arbeiter wird immer mehr zur Normalität.

Die Feststellung einer multipolaren Welt bedeutet keineswegs, dass es sich dabei um einen monolithischen Block gleichgewichtiger Kräfte handeln würde. Im Gegenteil, man muss innerhalb der alten und neuen imperialistischen Mächte von Gruppen unterschiedlicher Qualität sprechen, je nachdem, welche Rolle sie aufgrund ihrer wirtschaftlichen, politischen und militärischen Potenziale im imperialistischen Weltsystem einnehmen.

In den1970er-Jahren konnte man den Weltimperialismus in **einen primären und einen sekundären Imperialismus** unterscheiden. Die beiden Supermächte USA und die sozialimperialistische Sowjetunion waren primärer Imperialismus. Die Bundesrepublik Deutschland, Frankreich oder Japan waren z.B. sekundärer Imperialismus.

Gegen die damalige Verharmlosung des deutschen Imperialismus durch die kleinbürgerliche »ML-Bewegung«, die teilweise bis zur Propagierung der Vaterlandsverteidigung gegen die Supermächte ging, nahmen die Marxisten-Leninisten entschieden Stellung: Die sekundären imperialistischen Länder *»versuchen im Schatten des primären Imperialismus ihre staatsmonopolistischen Ziele zur Profitmaximierung und zur neokolonialistischen Ausbeutung der Entwicklungsländer durchzusetzen. Wer kann aber sagen, ob die gegenwärtige Kräfteverteilung so bleibt?«*[92]

Durch das Aufkommen der neuimperialistischen Länder wird das bisherige Gefüge des imperialistischen Weltsystems erschüttert.

China und Russland sind **imperialistische Großmächte in der Weltpolitik**, Russland vor allem militärisch. China ist auf dem Weg zur Supermacht und im Kampf um die Welt-

[92] KABD, China aktuell Nr. 2, S. 43

herrschaft mehr und mehr strategischer Hauptkonkurrent des US-Imperialismus, der seinen Anspruch auf Weltherrschaft ökonomisch, politisch und militärisch nach wie vor aggressiv verfolgt.

Die **EU als imperialistisches Staatenbündnis** mit über 20 imperialistischen Ländern versucht, eine **neue weltpolitische Großmacht** zu werden. Der Austritt Großbritanniens aus der EU ist vor allem diesbezüglich ein Rückschlag.

Verschiedene Länder streben als imperialistische Länder vor allem nach **regionaler Vorherrschaft**, wie die Türkei, Israel, Saudi-Arabien, Brasilien, Südafrika oder Indien, meist im Bündnis mit anderen imperialistischen Großmächten.

Schwächere imperialistische Länder erhalten als Juniorpartner oder in besonderer Funktion (z.B. Norwegen, Singapur, Luxemburg oder die Schweiz) ihren Anteil an der weltweiten Mehrwertproduktion.

Diese **Qualität der imperialistischen Multipolarität** hat den weltweiten Konkurrenzkampf verschärft, die Labilität der imperialistischen Herrschaft vertieft, und sie schwächt in der Quintessenz das imperialistische Weltsystem und **vertieft die allgemeine Krise des Kapitalismus**.

Der internationale Rechtsruck der imperialistischen Regierungen

Seit 2012 mit Premierminister Shinzō Abe in Japan – und beschleunigt in den Jahren 2014 bis 2016 – werden immer mehr **offen reaktionäre, nationalistische bis faschistoide Regierungen** installiert. Vor allem in neuimperialistischen Ländern mit den Regierungen Narendra Modi in Indien, Michel Temer in Brasilien, Enrique Nieto in Mexiko. Andere Regierungen gingen zu einer ultrareaktionären Politik über, wie Wladimir Putin in Russland, die ANC-Regierung unter Jacob Zuma in Südafrika oder die Merkel/Gabriel-Regierung in

Deutschland. In der Türkei errichtete Recep Tayyip Erdoğan im Sommer 2016 eine faschistische Diktatur.

Die **besondere Aggressivität** der ultrareaktionären, rassistischen und faschistoiden **Regierung unter Donald Trump** mit dessen Programm »America First« hat ihre besondere materielle Grundlage in einem **massiven Rückfall des US-Imperialismus** in seiner weltmarktbeherrschenden Stellung. Das Zentralkomitee der MLPD ist im April 2017 zu folgender Einschätzung über die neue Qualität der Regierung Trump gekommen:

»Die Veränderungen seit der Amtsübernahme durch Donald Trump haben keineswegs nur den Charakter eines bloßen Regierungswechsels: Mit seinem Regierungsantritt kommt es zu einer ***Veränderung der Herrschaftsmethoden****. Diese geraten mehr und mehr in Widerspruch mit den herkömmlichen bürgerlich-demokratischen Gepflogenheiten, lösen tendenziell die Nachkriegsordnung des imperialistischen Weltsystems auf, und* ***an die Stelle des Regierungssystems der kleinbürgerlichen Denkweise setzt Trump die offene Reaktion nach innen und außen****.«*[93]

In alldem kommt die Grundtendenz des Imperialismus zum Ausdruck: **Reaktion nach innen** und **Aggression nach außen**. Das hat die Massen weltweit zum aktiven Widerstand herausgefordert und brachte einen international beginnenden **fortschrittlichen Stimmungsumschwung** hervor.

Erbitterte Kämpfe des internationalen Industrieproletariats, aufstandsähnliche Massenkämpfe und Bewegungen für Freiheit und Demokratie sind Anzeichen, dass sich auf internationaler Ebene objektive und subjektive Faktoren für den Übergang zur revolutionären Gärung herausbilden. Darin

---

93 Grundsatzrede von Gabi Fechtner (geb. Gärtner) in enger Abstimmung mit Stefan Engel, Rote Fahne Magazin 9/2017, S. 14

äußert sich heute die **Haupttendenz in der Welt**: die **Vorbereitung der internationalen sozialistischen Revolution**.

2003 stellten wir in dem Buch »Götterdämmerung über der ›neuen Weltordnung‹« fest, dass eine **neue historische Umbruchphase eingeleitet** wurde:

»Dass der Imperialismus zwar die Neuorganisation der Produktion einleiten, aber aufgrund seiner unlösbaren inneren Widersprüche nie einen Weltstaat schaffen kann, offenbart, ***dass der Imperialismus an eine relative Grenze seiner historischen Entwicklung stößt****. Die modernen Produktivkräfte verlangen nach Produktionsverhältnissen, die ihrem internationalen Charakter entsprechen, aber diese sind nur in vereinigten sozialistischen Staaten der Welt zu verwirklichen.«* (S. 568)

Allerdings wäre es ein Irrtum, von der absoluten Ausweglosigkeit des Imperialismus auszugehen. Diese Illusion ist die Antwort der kleinbürgerlichen **Anbetung der Spontaneität** auf den augenscheinlicher werdenden Charakter des Imperialismus als sterbender Kapitalismus. Es ist vor allem der **moderne Antikommunismus**, mit dem die Arbeiterklasse und die Massen fertigwerden müssen, damit sie sich bewusst der revolutionären, marxistisch-leninistischen Alternative des Kampfs für den echten Sozialismus zuwenden.

In der Praxis entscheiden die Organisationskraft, Weitsicht, Bewusstheit der revolutionären Partei, die Gewinnung der entscheidenden Mehrheit des internationalen Industrieproletariats, ihre Verbundenheit und Verankerung unter den Massen, insbesondere der kämpferischen Frauenbewegung, das Schmieden des Kampfbündnisses mit einem wachsenden Teil der kleinbürgerlich-intellektuellen Zwischenschichten gegen Monopole und Staat, die Gewinnung der Jugend und ihre internationale Kooperation, Koordination und Revolutionierung darüber, ob sie eine revolutionäre Krise nutzen kann oder nicht. Daher kommt jetzt alles auf die **Stärkung des subjektiven Faktors** an.

Für den erfolgreichen Aufbau einer Partei neuen Typs ist es eine der Schlüsselfragen, jederzeit die inneren gesetzmäßigen Zusammenhänge, insbesondere die neuen Erscheinungen und wesentlichen Veränderungen in Natur und Gesellschaft dialektisch-materialistisch zu analysieren, richtig zu qualifizieren und die notwendigen Schlussfolgerungen für die **vorausschauende marxistisch-leninistische Strategie und Taktik** im Klassenkampf zu ziehen.

In dieser aufgewühlten, destabilisierten und krisenhaften Welt muss eine dem Imperialismus überlegene Kraft entstehen. Die Zeit ist reif für den **Aufbau einer internationalen antiimperialistischen und antifaschistischen Einheitsfront**, deren Kern das internationale Industrieproletariat bilden muss.

Die **Stärkung der ICOR** und die Höherentwicklung der praktischen **Kooperation und Koordination** zur systematischen Weckung und **Hebung des Klassenbewusstseins** in Verbindung mit dem **Aufbau und der erheblichen Stärkung revolutionärer Parteien in immer mehr Ländern** ist die wichtigste Voraussetzung zur erfolgreichen Vorbereitung der internationalen sozialistischen Revolution.

Anhang:

Sammlung wichtiger Zitate von W. I. Lenin zum Thema »neuimperialistische Länder«

ENTSTEHUNG DES IMPERIALISMUS

Imperialismus erwächst gesetzmäßig aus dem Kapitalismus

Kolonialpolitik und Imperialismus sind keineswegs krankhafte und heilbare Auswüchse des Kapitalismus (wie die Philister, unter ihnen auch Kautsky, meinen), sondern die unvermeidliche Konsequenz der Grundlagen des Kapitalismus. (»Imperialismus und Sozialismus in Italien«, 1915, Lenin, Werke, Bd. 21, S. 362)

Ersetzung der freien Konkurrenz durch Monopole

Der Freihandel und die freie Konkurrenz sind ersetzt durch das Streben nach Monopolen, nach Eroberung von Gebieten für Kapitalanlagen, als Rohstoffquellen usw. Aus einem Befreier der Nationen, der er in der Zeit des Ringens mit dem Feudalismus war, ist der Kapitalismus in der imperialistischen Epoche zum größten Unterdrücker der Nationen geworden. (»Sozialismus und Krieg«, geschrieben Juli bis August 1915, Lenin, Werke, Bd. 21, S. 302)

Hauptarten der Monopolbildung

Es sind insbesondere vier Hauptarten der Monopole oder Haupterscheinungsformen des Monopolkapitalismus hervorzuheben, die für die in Betracht kommende Epoche charakteristisch sind.

Erstens: Das Monopol ist aus der Konzentration der Produktion auf einer sehr hohen Stufe ihrer Entwicklung erwachsen.

Das sind die Monopolverbände der Kapitalisten, die Kartelle, Syndikate und Trusts. (...) Zweitens: Die Monopole haben in verstärktem Maße zur Besitzergreifung der wichtigsten Rohstoffquellen geführt (...). Drittens: Das Monopol ist aus den Banken erwachsen. Diese haben sich aus bescheidenen Vermittlungsunternehmungen zu Monopolisten des Finanzkapitals gewandelt. (...) Eine Finanzoligarchie (...) – das ist die krasseste Erscheinungsform dieses Monopols. Viertens: (...) Den zahlreichen »alten« Motiven der Kolonialpolitik fügte das Finanzkapital noch den Kampf um Rohstoffquellen hinzu, um Kapitalexport, um »Einflußsphären« ... (»Der Imperialismus als höchstes Stadium des Kapitalismus«, Frühjahr 1916, Lenin, Werke, Bd. 22, S. 304/305)

Beschleunigte weltweite Verbreitung der kapitalistischen Produktion

Der ökonomische Unterschied zwischen den Kolonien und den europäischen Völkern – wenigstens der Mehrzahl der letzteren – bestand früher darin, daß die Kolonien wohl in den *Waren*austausch, aber noch nicht in die kapitalistische *Produktion* einbezogen wurden. Der Imperialismus hat hier Wandel geschaffen. Imperialismus bedeutet unter anderem auch *Kapital*export. Die kapitalistische Produktion wird in immer beschleunigterem Tempo auch in die Kolonien verpflanzt. (»Die Ergebnisse der Diskussion über die Selbstbestimmung«, Geschrieben im Juli 1916, Lenin, Werke, Bd. 22, S. 344/345)

DEFINITION DES IMPERIALISMUS

Imperialismus als monopolistischer, parasitärer und sterbender Kapitalismus

Der Imperialismus ist ein besonderes historisches Stadium des Kapitalismus. Diese Besonderheit ist eine dreifache: der Imperialismus ist: 1. monopolistischer Kapitalismus; 2. parasitärer oder faulender Kapitalismus; 3. sterbender Kapitalismus. Die Ablösung der freien Konkurrenz durch das Monopol ist der ökonomische Grundzug, das *Wesen* des Imperialismus. (»Der Imperialismus und die Spaltung des Sozialismus«, geschrieben im Oktober 1916, Lenin, Werke, Bd. 23, S. 102)

Definition des Imperialismus und Flexibilität der Begriffe

Würde eine möglichst kurze Definition des Imperialismus verlangt, so müßte man sagen, daß der Imperialismus das monopolistische Stadium des Kapitalismus ist (...)

Doch sind allzu kurze Definitionen zwar bequem, denn sie fassen das Wichtigste zusammen, aber dennoch unzulänglich, sobald aus ihnen speziell die wesentlichen Züge der zu definierenden Erscheinung abgeleitet werden sollen. Deshalb muß man – ohne zu vergessen, daß alle Definitionen überhaupt nur bedingte und relative Bedeutung haben, da eine Definition niemals die allseitigen Zusammenhänge einer Erscheinung in ihrer vollen Entfaltung umfassen kann – eine solche Definition des Imperialismus geben, die folgende fünf seiner grundlegenden Merkmale enthalten würde: 1. Konzentration der Produktion und des Kapitals, die eine so hohe Entwicklungsstufe erreicht hat, daß sie Monopole schafft, die im Wirtschaftsleben die entscheidende Rolle spielen; 2. Verschmelzung des Bankkapitals mit dem Industriekapital und Entstehung einer Finanzoligarchie auf der Basis dieses »Finanzkapitals«; 3. der Kapitalexport, zum Unterschied vom Warenexport, gewinnt besonders wichtige Bedeutung; 4. es bilden sich internationale monopolistische Kapitalistenverbände, die die Welt unter sich teilen, und 5. die territoriale Aufteilung der Erde unter die kapitalistischen Großmächte ist beendet. (»Der Imperialismus als höchstes Stadium des Kapitalismus«, Frühjahr 1916, Lenin, Werke, Bd. 22, S. 270/271)

WESENTLICHE MERKMALE DES IMPERIALISMUS

Imperialismus als Herrschaft über das gesamte gesellschaftliche Leben

Ist das Monopol einmal zustande gekommen und schaltet und waltet es mit Milliarden, so durchdringt es mit absoluter Unvermeidlichkeit *alle* Gebiete des öffentlichen Lebens, ganz unabhängig von der politischen Struktur und beliebigen anderen «Details«. (»Der Imperialismus als höchstes Stadium des Kapitalismus«, Frühjahr 1916, Lenin, Werke, Bd. 22, S. 241)

Kampf um die Aufteilung der Welt

Unzweifelhaft ist daher die Tatsache, daß der Übergang des Kapitalismus zum Stadium des Monopolkapitalismus, zum Finanzkapital, mit einer Verschärfung des Kampfes um die Aufteilung der Welt *verknüpft* ist. (»Der Imperialismus als höchstes Stadium des Kapitalismus«, Frühjahr 1916, Lenin, Werke, Bd. 22, S. 260)

Imperialismus, »Freihandel« und »Schutzzoll«

Wenn Deutschlands Handel mit den englischen Kolonien sich schneller entwickelt als der Englands, so beweist das lediglich, daß der deutsche Imperialismus frischer, kräftiger, organisierter ist und höher steht als der englische, es beweist aber keineswegs die »Überlegenheit« des freien Handels, denn hier kämpft nicht Freihandel gegen Schutzzollsystem und koloniale Abhängigkeit, sondern Imperialismus gegen Imperialismus, Monopol gegen Monopol, Finanzkapital gegen Finanzkapital. (»Der Imperialismus als höchstes Stadium des Kapitalismus«, Frühjahr 1916, Lenin, Werke, Bd. 22, S. 295/296)

Besondere Beweglichkeit, Elastizität, nationale wie internationale Verflochtenheit des Finanzkapitals

Zum typischen »Herrscher« der Welt wurde nunmehr das Finanzkapital, das besonders beweglich und elastisch, national wie international besonders verflochten ist, das besonders unpersönlich und von der direkten Produktion losgelöst ist, das sich besonders leicht konzentriert und bereits besonders stark konzentriert hat, so daß buchstäblich einige hundert Milliardäre und Millionäre die Geschicke der ganzen Welt in ihren Händen halten. (Vorwort zu N. Bucharins Broschüre »Weltwirtschaft und Imperialismus«, zuerst veröffentlicht am 21. Januar 1927, Lenin, Werke, Bd. 22, S. 103)

Imperialismus ist parasitärer Kapitalismus

Der Rentnerstaat ist der Staat des parasitären, verfaulenden Kapitalismus, und dieser Umstand muß sich unbedingt in allen sozialpolitischen Verhältnissen der betreffenden Länder im allgemeinen wie auch in den zwei Hauptströmungen der Arbeiterbewegung im besonderen widerspiegeln. (»Der Imperialismus als höchstes Stadium des Kapitalismus«, Frühjahr 1916, Lenin, Werke, Bd. 22, S. 283)

Wucherimperialismus

Frankreich hat sein exportiertes Kapital hauptsächlich in Europa und vor allem in Rußland (nicht weniger als 10 Milliarden Francs) investiert; dabei handelt es sich vorwiegend um *Leih*kapital, um Staatsanleihen, und nicht um Kapital, das in Industriebetrieben angelegt ist. Zum Unterschied vom englischen Kolonialimperialismus könnte man den französischen einen Wucherimperialismus nennen. (»Der Imperialismus als höchstes Stadium des Kapitalismus«, Frühjahr 1916, Lenin, Werke, Bd. 22, S. 247)

Kapitalexport von überakkumuliertem Kapital

Die Notwendigkeit der Kapitalausfuhr wird dadurch geschaffen, daß in einigen Ländern der Kapitalismus »überreif« geworden ist und dem Kapital (unter der Voraussetzung der Unentwickeltheit der Landwirtschaft und der Armut der Massen) ein Spielraum für »rentable« Betätigung fehlt. (»Der Imperialismus als höchstes Stadium des Kapitalismus«, Frühjahr 1916, Lenin, Werke, Bd. 22, S. 245)

Kapitalexport zur Steigerung der Profite

Solange der Kapitalismus Kapitalismus bleibt, wird der Kapitalüberschuß nicht zur Hebung der Lebenshaltung der Massen in dem betreffenden Lande verwendet – denn das würde eine Verminderung der Profite der Kapitalisten bedeuten –, sondern zur Steigerung der Profite durch Kapitalexport ins Ausland, in rückständige Länder. (»Der Imperialismus als höchstes Stadium des Kapitalismus«, Frühjahr 1916, Lenin, Werke, Bd. 22, S. 245)

Kapitalexport in Form von Finanzanlagen

Die imperialistischen Interessen lassen sich, wie allgemein bekannt, nicht nur durch territoriale Erwerbungen wahrmachen, sondern auch durch *finanzielle*. Die schweizerische Bourgeoisie exportiert – das darf nicht übersehen werden – mindestens 3 Milliarden frs. Kapital, beutet also zurückgebliebene Völker imperialistisch aus. Das ist Tatsache. Tatsache ist auch, daß das schweizerische Bankkapital in innigster Verbindung und Verflechtung mit dem Bankkapital der Großmächte steht … (»Der Schutz der Neutralität«, geschrieben im Januar 1917, Lenin, Werke, Bd. 23, S. 272)

Ausdehnung der kapitalistischen Entwicklung durch Kapitalexport

Der Kapitalexport beeinflußt in den Ländern, in die er sich ergießt, die kapitalistische Entwicklung, die er außerordentlich beschleunigt. Wenn daher dieser Export bis zu einem gewissen Grade die Entwicklung in den exportierenden Ländern zu hemmen geeignet ist, so kann dies nur um den Preis einer Ausdehnung und Vertiefung der weiteren Entwicklung des Kapitalismus in der ganzen Welt geschehen. (»Der Imperialismus als höchstes Stadium des Kapitalismus«, Frühjahr 1916, Lenin, Werke, Bd. 22, S. 247)

Machtverschiebung durch ungleichmäßige Entwicklung

Die Kapitalisten teilen die Welt nicht etwa aus besonderer Bosheit unter sich auf, sondern weil die erreichte Stufe der Konzentration sie zwingt, diesen Weg zu beschreiten, um Profite zu erzielen; dabei wird die Teilung »nach dem Kapital«, »nach der Macht« vorgenommen – eine andere Methode der Teilung kann es im System der Warenproduktion und des Kapitalismus nicht geben. Die Macht aber wechselt mit der ökonomischen und politischen Entwicklung; (»Der Imperialismus als höchstes Stadium des Kapitalismus«, Frühjahr 1916, Lenin, Werke, Bd. 22, S. 257)

Entstehung neuer imperialistischer Länder

Am schnellsten wächst der Kapitalismus in den Kolonien und den überseeischen Ländern. Unter diesen Ländern entstehen *neue* imperialistische Mächte (Japan). (»Der Imperialismus als höchstes Stadium des Kapitalismus«, Frühjahr 1916, Lenin, Werke, Bd. 22, S. 279)

Alle zivilisierten Länder werden imperialistisch

Nicht die Schweiz »mutet« dies dem Proletariat »zu«, sondern der Kapitalismus, der in allen zivilisierten Ländern, auch in der Schweiz, zum *imperialistischen* Kapitalismus geworden ist. (»Zwölf kurze Thesen über Greulichs Verteidigung der Landesverteidigung«, Januar 1917, Lenin, Werke, Bd. 23, S. 265/266)

Gesetz der ungleichmäßigen Entwicklung

Die Ungleichmäßigkeit der ökonomischen und politischen Entwicklung ist ein unbedingtes Gesetz des Kapitalismus. (»Über die Losung der Vereinigten Staaten von Europa«, 23. August 1915, Lenin, Werke, Bd. 21, S. 345)

Imperialismus führt zu Krise und Krieg

Unter dem Kapitalismus ist ein gleichmäßiges Wachstum in der ökonomischen Entwicklung einzelner Wirtschaften und einzelner Staaten unmöglich. Unter dem Kapitalismus gibt es keine anderen Mittel, das gestörte Gleichgewicht von Zeit zu Zeit wiederherzustellen, als Krisen in der Industrie und Kriege in der Politik. (»Über die Losung der Vereinigten Staaten von Europa«, 23. August 1915, Lenin, Werke, Bd. 21, S. 344/345)

Imperialistische Bündnisse

»Interimperialistische« oder »ultraimperialistische« Bündnisse sind daher in der kapitalistischen Wirklichkeit, und nicht in der banalen Spießerphantasie englischer Pfaffen oder des deutschen »Marxisten« Kautsky, *notwendigerweise* nur »Atempausen« zwischen Kriegen (...) Friedliche Bündnisse bereiten Kriege vor und wachsen ihrerseits aus Kriegen hervor, bedingen sich gegenseitig, erzeugen einen Wechsel der Formen friedlichen und nicht friedlichen Kampfes auf *ein und demselben* Boden imperialistischer Zusammenhänge und Wechselbeziehungen der Weltwirtschaft und der Weltpolitik. (»Der Imperialismus als höchstes Stadium des Kapitalismus«, Frühjahr 1916, Lenin, Werke, Bd. 22, S. 301)

Imperialismus als Reaktion auf der ganzen Linie

Der Imperialismus ist die Epoche des Finanzkapitals und der Monopole, die überallhin den Drang nach Herrschaft und nicht nach Freiheit tragen. Reaktion auf der ganzen Linie, gleichviel unter welchem politischen System, äußerste Zuspitzung der Gegensätze auch auf diesem Gebiet – das ist das Ergebnis dieser Tendenzen. (»Der Imperialismus als höchstes Stadium des Kapitalismus«, Frühjahr 1916, Lenin, Werke, Bd. 22, S. 302)

Illusion der Demokratie im Imperialismus

Der Kapitalismus überhaupt und der Imperialismus insbesondere verwandelt die Demokratie in eine Illusion – und zugleich erzeugt der Kapitalismus demokratische Bestrebungen in den Massen, schafft er demokratische Einrichtungen, verschärft er den Antagonismus zwischen dem die Demokratie negierenden Imperialismus und den zur Demokratie strebenden Massen. (»Antwort an P. Kijewski (J. Pjatakow)«, geschrieben August bis September 1916, Lenin, Werke, Bd. 23, S. 14)

IMPERIALISMUS ALS STERBENDER KAPITALISMUS

Dialektik von Wachstum und Fäulnis

Es wäre ein Fehler, zu glauben, daß diese Fäulnistendenz ein rasches Wachstum des Kapitalismus ausschließt; (...) Im großen und ganzen wächst der Kapitalismus bedeutend schneller als früher, aber dieses Wachstum wird nicht nur im allgemeinen immer ungleichmäßiger, sondern die Ungleichmäßigkeit äußert sich auch im besonderen in der Fäulnis der kapitalkräftigsten Länder (England). (»Der Imperialismus als höchstes Stadium des Kapitalismus«, Frühjahr 1916, Lenin, Werke, Bd. 22, S. 305/306)

Sterbender, aber noch nicht gestorbener Kapitalismus

Der Imperialismus gestaltet in Wirklichkeit den Kapitalismus nicht von Grund aus um, *und er kann es auch nicht.* (...) Der Imperialismus ist der im Ableben begriffene, aber noch nicht abgelebte, der sterbende, aber noch nicht gestorbene Kapitalismus. Nicht reine Monopole, sondern Monopole neben dem Austausch, dem Markt, der Konkurrenz, den Krisen – das ist überhaupt die wesentlichste Eigenart des Imperialismus. (»Materialien zur Revision des Parteiprogramms«, 1917, Lenin, Werke, Bd. 24, S. 465)

IMPERIALISMUS UND STAATSMONOPOLISTISCHER KAPITALISMUS ALS VORSTUFE DES SOZIALISMUS

Imperialismus als staatsmonopolistischer Kapitalismus

»Der monopolistische Kapitalismus verwandelt sich in staatsmonopolistischen Kapitalismus, eine Reihe von Ländern gehen unter dem Druck der Verhältnisse zur öffentlichen Regulierung der Produktion und der Verteilung über, einige von ihnen führen die allgemeine Arbeitspflicht ein.« Vor dem Kriege gab es das Monopol der Trusts und Syndikate, während des Krieges – das Staatsmonopol. (Lenin, »Rede zur Resolution über die gegenwärtige Lage«, Werke, Bd. 24, S. 298)

Bedeutung der Staatsfrage

Die Frage des Staates gewinnt gegenwärtig besondere Bedeutung sowohl in theoretischer als auch in praktisch-politischer Hinsicht. Der imperialistische Krieg hat den Prozeß der Umwandlung des monopolistischen Kapitalismus in staatsmonopolistischen Kapitalismus außerordentlich beschleunigt und verschärft. Die ungeheuerliche Knechtung der werktätigen Massen durch den Staat, der immer inniger mit den allmächtigen Kapitalistenverbänden verschmilzt, wird immer ungeheuerlicher. Die fortgeschrittenen Länder verwandeln sich – wir sprechen von ihrem »Hinterland« – in Militärzuchthäuser für die Arbeiter. (Vorwort zur 1. Auflage von »Staat und Revolution«, 1917, Lenin, Werke, Bd. 25, S. 395)

Imperialismus und Vergesellschaftung der Produktion

In seinem imperialistischen Stadium führt der Kapitalismus bis dicht an die allseitige Vergesellschaftung der Produktion heran, er zieht die Kapitalisten gewissermaßen ohne ihr Wissen und gegen ihren Willen in eine Art neue Gesellschaftsordnung hinein, die den Übergang von der völlig freien Konkurrenz zur vollständigen Vergesellschaftung bildet. (»Der Imperialismus als höchstes Stadium des Kapitalismus«, Frühjahr 1916, Lenin, Werke, Bd. 22, S. 209)

Imperialismus als unmittelbare Vorstufe des Sozialismus

Der imperialistische Krieg ist der Vorabend der sozialistischen Revolution. (...) weil der staatsmonopolistische Kapitalismus die vollständige *materielle* Vorbereitung des Sozialismus, seine unmittelbare *Vorstufe* ist, denn auf der historischen Stufenleiter *gibt es* zwischen dieser Stufe und derjenigen, die Sozialismus heißt, *keinerlei Zwischenstufen mehr.* (»Die drohende Katastrophe und wie man sie bekämpfen soll«, September 1917, veröffentlicht Oktober 1917, Lenin, Werke, Bd. 25, S. 370)

Materielle Vorbereitung des Sozialismus

Doch der Mechanismus der gesellschaftlichen Wirtschaftsführung ist hier bereits fertig vorhanden. Man stürze die Kapitalisten, man breche mit der eisernen Faust der bewaffneten Arbeiter den Widerstand dieser Ausbeuter, man zerschlage die bürokratische Maschinerie des modernen Staates – und wir haben einen von dem »Schmarotzer« befreiten technisch hochentwickelten Mechanismus vor uns, den die vereinigten Arbeiter sehr wohl selbst in Gang bringen können ... (»Staat und Revolution«, September 1917, Lenin, Werke, Bd. 25, S. 439/440)

IMPERIALISMUS UND OPPORTUNISMUS

Materielle Grundlage des Opportunismus

Der Imperialismus (...) schafft die ökonomische Möglichkeit zur Bestechung der Oberschichten des Proletariats und nährt, formt und festigt dadurch den Opportunismus. Nur darf man die dem Imperialismus im allgemeinen und dem Opportunismus im besonderen entgegenwirkenden Kräfte nicht vergessen, die der Sozialliberale Hobson natürlich nicht sieht. (»Der Imperialismus als höchstes Stadium des Kapitalismus«, Frühjahr 1916, Lenin, Werke, Bd. 22, S. 286)

Identität von Opportunismus und Sozialchauvinismus

Kautsky *trennt* die Politik des Imperialismus von seiner Ökonomik, trennt den Monopolismus in der Politik von dem Monopolismus in der Ökonomik, um seinem platten bürgerlichen Reformismus wie »Abrüstung«, »Ultraimperialismus« und ähnlichem Unsinn den Weg zu ebnen. Sinn und Zweck dieser theoretischen Fälschung läuft einzig und allein darauf hinaus, die *tiefsten* Widersprüche des Imperialismus zu vertuschen und auf diese Weise die Theorie der »Einheit« mit den Apologeten des Imperialismus, den offenen Sozialchauvinisten und Opportunisten, zu rechtfertigen. (»Der Imperialismus und die Spaltung des Sozialismus«, geschrieben im Oktober 1916, Lenin, Werke, Bd. 23, S. 104)

Sozialchauvinismus als vollendeter Opportunismus

Diese Strömung (...) – Sozialismus in Worten, Chauvinismus in der Tat – ist gekennzeichnet durch die niederträchtige, lakaienhafte Anpassung der »Führer des Sozialismus« an die Interessen nicht nur »ihrer« nationalen Bourgeoisie, sondern namentlich auch »ihres« Staates ... (Vorwort zur 1. Auflage von »Staat und Revolution«, September 1917, Lenin, Werke, Bd. 25, S. 395/396)

Unverzichtbarer Kampf gegen den Opportunismus

Am gefährlichsten sind in dieser Hinsicht Leute, die nicht verstehen wollen, daß der Kampf gegen den Imperialismus eine hohle, verlogene Phrase ist, wenn er nicht unlöslich verknüpft ist mit dem Kampf gegen den Opportunismus. (»Der Imperialismus als höchstes Stadium des Kapitalismus«, Frühjahr 1916, Lenin, Werke, Bd. 22, S. 307)

IMPERIALISMUS UND AUFGABEN DER SOZIALISTEN

Anerkennung des Selbstbestimmungsrechts

Der Imperialismus ist die Epoche der fortschreitenden Unterdrückung der Nationen der ganzen Welt durch eine Handvoll »Groß«mächte, und darum ist der Kampf für die internationale sozialistische Revolution gegen den Imperialismus unmöglich ohne Anerkennung des Selbstbestimmungsrechts der

Nationen. »Ein Volk, das andere unterdrückt, kann sich nicht selbst emanzipieren.« (Marx und Engels.) Ein Proletariat, das sich auch nur mit dem kleinsten Gewaltakt »seiner« Nation gegen andere Nationen abfindet, kann nicht sozialistisch sein. (»Sozialismus und Krieg«, geschrieben Juli bis August 1915, Lenin, Werke, Bd. 21, S. 318)

Prinzipielle Ablehnung jedes Chauvinismus

Der *Angelpunkt,* um den sich die Frage der Selbstbestimmung der Nationen in unserer Epoche dreht, ist daher das Verhalten der Sozialisten der *unterdrückenden* Nationen. Ein Sozialist, der einer unterdrückenden Nation (England, Frankreich, Deutschland, Japan, Rußland, Vereinigte Staaten u. a.) angehört und das Recht der unterdrückten Nationen auf Selbstbestimmung (d. h. auf freie Lostrennung) nicht anerkennt und nicht vertritt, ist in Wirklichkeit kein Sozialist, sondern ein Chauvinist. (»Die Frage des Friedens«, geschrieben Juli bis August 1915, Lenin, Werke, Bd. 21, S. 292)

Bedeutung des Kampfes um Freiheit und Demokratie

Ohne politische Freiheit ist weder eine volle Entwicklung der Produktivkräfte in der modernen bürgerlichen Gesellschaft noch ein umfassender, offener und freier Klassenkampf, noch eine politische Aufklärung, Erziehung und Zusammenschweißung der Massen des Proletariats denkbar. Deshalb stellt sich das klassenbewusste Proletariat stets die Aufgabe, einen entschiedenen Kampf für die volle politische Freiheit, für die demokratische Revolution zu führen. (»Die demokratischen Aufgaben des revolutionären Proletariats«, 17. (4.) Juni 1905, Lenin, Werke, Bd. 8, S. 513)

Befreiung der Massen von Illusionen

Natürlich ist der Kampf für den Sturz des Imperialismus schwierig, doch die Massen müssen die *Wahrheit* über den schwierigen, aber notwendigen Kampf kennen. Die Massen dürfen nicht durch die Hoffnung auf einen Frieden ohne Beseitigung des Imperialismus eingelullt werden. (»An die Internationale Sozialistische Kommission«, September 1915, Lenin, Werke, Bd. 21, S. 380)

Proletarischer Internationalismus (I)

Der kleinbürgerliche Nationalismus behauptet, die alleinige Anerkennung der Gleichberechtigung der Nationen sei bereits Internationalismus, und läßt (ganz abgesehen davon, dass eine solche Anerkennung nur ein Lippenbekenntnis ist) den nationalen Egoismus unangetastet, während der proletarische Internationalismus verlangt: erstens, daß die Interessen des proletarischen Kampfes in jedem einzelnen Lande den Interessen des proletarischen Kampfes im Weltmaßstab untergeordnet werden; zweitens, daß die Nation, die den Sieg über die Bourgeoisie erringt, fähig und bereit ist, die größten nationalen Opfer für den Sturz des internationalen Kapitals zu bringen. (»Entwurf der Thesen zur nationalen und zur kolonialen Frage«, veröffentlicht im Juni 1920, Lenin, Werke, Bd. 31, Seite 136/137)

Proletarischer Internationalismus (II)

Internationalismus bedeutet Bruch mit den *eigenen* Sozialchauvinisten (d.h. den Vaterlandsverteidigern) und mit der *eigenen* imperialistischen Regierung, bedeutet revolutionären Kampf gegen diese Regierung, bedeutet ihren Sturz, bedeutet die Bereitschaft, größte nationale Opfer (selbst einen Brester Frieden) auf sich zu nehmen, wenn das der Entwicklung der *internationalen* Arbeiterrevolution dienlich ist. (»Die proletarische Revolution und der Renegat Kautsky«, Oktober 1918, Lenin, Werke, Bd. 28, S. 101)

Bücher zum Thema

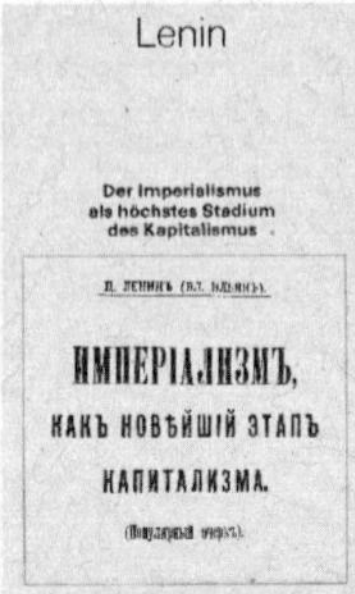

Lenin

Der Imperialismus als höchstes Stadium des Kapitalismus

Mit dieser Schrift analysierte Lenin die grundlegende Entwicklung vom Kapitalismus zum Imperialismus.

163 Seiten | 4,00 Euro

Lenin

Staat und Revolution

Diese Schrift untersucht das Wesen des bürgerlichen Staats, die Diktatur des Proletariats und das Absterben des Staats im Kommunismus. Die Haltung zum Staat ist eine Grundsatzfrage zwischen Opportunismus und Marxismus-Leninismus.

192 Seiten | 9,00 Euro | 978-3-88021-465-1
eBook | 6,99 Euro | 978-3-88021-466-8

Willi Dickhut

Der staatsmonopolistische Kapitalismus in der BRD

Das 1977 erschienene Buch analysiert Geschichte und Entwicklung des staatsmonopolistschen Kapitalismus in Deutschland.

892 Seiten | 26,00 Euro | 978-3-88021-041-7

Willi Dickhut

Krisen und Klassenkampf

In dieser 1983 erschienen Schrift werden die verschiedenen Arten von Krisen und ihre Wechselwirkung mit der Entwicklung des Klassenkampfs untersucht.

293 Seiten | 11,50 Euro | 978-3-88021-136-0

Willi Dickhut

Krieg und Frieden und die sozialistische Revolution

Die Ungleichmäßigkeit in der Entwicklung des Imperialismus und dessen Streben nach Weltherrschaft ist die Wurzel des Anstiegs der kriegerischen Auseinandersetzungen auf der Welt, bis hin zur Entstehung einer neuen Weltkriegsgefahr.

317 Seiten | 11,50 Euro | 978-3-8801-059-2

Klaus Arnecke / Stefan Engel

Der Neokolonialismus und die Veränderungen im nationalen Befreiungskampf

Das Buch untersucht, wie der Neokolonialismus das alte System des Kolonialismus ablöste und den Klassenkampf weltweit vertiefte und verbreiterte.

335 Seiten | 14,50 Euro | 978-3-88021-234-3

Stefan Engel

Götterdämmerung über der »neuen Weltordnung«

Dieses 2003 erschienene Buch untersucht die kapitalistische Neuorganisation der internationalen Produktion seit den 1990er Jahren sowie deren ökonomische, politische und militärische Auswirkungen auf das imperialistische Weltsystem.

592 Seiten | Hardcover | 27,00 Euro | 978-3-88021-340-1
592 Seiten | Taschenbuch | 14,80 Euro | 978-3-88021-357-9
eBook | 11,99 Euro | 978-3-88021-424-8

Stefan Engel

Morgenröte der internationalen sozialistischen Revolution

Die Neuorganisation der internationalen Produktion des imperialistischen Weltsystems stellt die Revolutionäre und Marxisten-Leninisten vor neue Herausforderungen und erfordert, Schlussfolgerungen für den Kampf um den Sozialismus zu ziehen.

620 Seiten | Hardcover | 28,00 Euro | 978-3-88021-380-7
620 Seiten | Softcover | 14,80 Euro | 978-3-88021-391-3
eBook | 11,99 Euro | 978-3-88021-418-7

Stefan Engel

Katastrophenalarm! Was tun gegen die mutwillige Zerstörung der Einheit von Mensch und Natur?

Das Buch analysiert die Umweltkrise und ihren Übergang in eine das menschliche Leben bedrohende globale Umweltkatastrophe und die Hauptverantwortung der allein herrschenden internationalen Übermonopole dafür.

336 Seiten | 17,50 Euro | 978-3-88021-405-7
eBook | 13,99 Euro | 978-3-88021-413-2

Stefan Engel

Bürgerliche politische Ökonomie vor dem Scherbenhaufen

Marxistisch-leninistische Untersuchung der Weltwirtschafts- und Finanzkrise 2008–2014

52 Seiten | 2,00 Euro | 978-3-88021-373-9

Gabi Fechtner (geb. Gärtner)

Eine neue Qualität der allgemeinen Krisenhaftigkeit des Imperialismus und der Chancen für die Revolutionäre

Eine Analyse der aktuellsten Veränderungen im imperialistischen Weltsystem von Gabi Fechtner, geb. Gärtner (Vorsitzende der MLPD), April 2017

20 Seiten | 2,50 Euro

Alle Bücher sind zu bestellen bei:

Verlag Neuer Weg in der Mediengruppe Neuer Weg GmbH
Alte Bottroper Str. 42 · D - 45356 Essen
Tel.: + 49-(0) 201-2 59 15
+ 49-(0) 209-361 73 35
E-Mail: verlag@neuerweg.de
Webshop: people-to-people.de
Fax: + 49-(0) 201-61 444 62

www.neuerweg.de